JN399067

'사회권 선진국'을

향해, 다시 시작!

2022. 3.

조국

가불 선진국

일러두기

· 이 책의 본문은 2월 20일을 기준으로 작성되었다.

· 본문의 고딕체는 저자가 강조한 것이다.

가불 선진국

연대와 공존、
사회권 선진국을 위한 제언

조국

메디치

펴내며

윤석열 대통령 당선자가 검찰총장 시절 지휘한 수사와 기소로 피고인이 되어 재판을 받는 상황에서 두 번째 책을 냅니다. 책 발간 의도나 책 내용과 무관하게 "피고인 주제에 조용히 재판이나 받지 또 책을 내냐"라는 비난이 예상됩니다.

이 책을 쓰는 기간은 20대 대선 과정과 겹쳤고, 그동안 수시로 저는 정치적으로 소환되었습니다. "'조국의 강'을 건너야 한다", 이런 말이 정치권 안팎에서 돌아다녔습니다. 저는 2019년 '사태' 이후 여러 번 공개적으로 대국민 사과를 했습니다. 윤석열 검찰의 정치적 의도와 행태와는 별도로, 제가 정무적·도덕적으로 사과해야 한다고 판단했기 때문입니다. 검찰·언론·보수 야당이 합창했던 '조국 펀드' 운운은 황당무계한 악선동임이 밝혀졌지만, 자신과 가족을 철저히 관리했어야 했다고 몇 번이고 자성합니다.

저는 '강'이 아니라 '강을 건너기 위한 뗏목'에 불과합니다. 문재인 정부의 국정 과제인 법무·검찰 개혁이라는 '강'을 건너기 위해 사용하다 부서져 버린 '뗏목'입니다. 뗏목을 고치는 일은 저와

제 가족 및 극소수의 동지, 벗, 친구 들의 일입니다. 오래 걸릴 것입니다.

윤석열 검찰이 저와 제 가족에 대한 수사에서 사용했던 칼과 도끼는 윤 당선자 자신과 측근, 가족에 대한 수사에서는 전혀 사용되지 않았습니다. 윤 당선자가 검찰총장직을 사퇴한 후 비로소 본격적 수사가 개시되어 재판이 진행되고 있는 사건이 한둘이 아니었습니다. 예컨대 윤 당선자 장모의 300억 통장 잔고 증명서 위조 및 동행사, 사무장 병원 운영에 의한 요양 급여 부정 수급, 사기 등의 혐의, 도이치모터스 주가조작 사건, '소윤小尹'이라고 불리던 윤대진 검사장의 형 윤우진 전 세무서장의 뇌물 사건 등등.

그러나 도이치모터스 주가조작 사건에서 전주錢主 역할을 하면서 통정通情 거래를 한 것으로 의심되는 윤 당선자의 배우자 김건희 씨의 혐의, 조남욱 삼부토건 회장 아들의 대화 녹취록에서 드러난 '조남욱-윤석열 커넥션', '대장동 사건'의 핵심인 김만배 씨의 대화 녹취록에서 드러난 '김만배-박영수-윤석열 커넥션' 등에 대해서는 아무 수사도 없었습니다. 채널A와의 검언유착 혐의를 받는 윤 당선자의 최측근 한동훈 사법연수원 부원장의 휴대전화 비밀번호는 아직도 풀리지 않고 있습니다.

윤석열 당선자는 검찰총장으로 재직할 때 판사를 사찰하고, '채널A 사건'에 대한 감찰 및 수사를 방해하는 등 불법행위를 범하여 당시 추미애 법무부 장관에 의해 징계를 받자 '피해자 코스

프레'를 하며 대통령 출마를 선언했습니다. 법원은 이후 징계가 정당하다는 판결을 내렸습니다.

그러나 그는 법원 판결 이후에도 사과하지 않았습니다. 오히려 문재인 정부의 성과를 깡그리 부정하고, 한계를 왜곡·과장하여 비방했습니다. 심지어 '연성軟性 독재', '연성 전체주의'라고 매도했습니다. 국정 철학과 국가정책에서 이명박-박근혜 정권의 충실한 후계자를 자임했습니다. 그리고 20대 대통령으로 당선되었습니다.

2019년 8월 9일 제가 법무부 장관 후보로 지명되면서 시작된 저와 제 가족의 시련은 여전히 현재진행형입니다. 2019년 12월 31일 서울동부지검, 2020년 1월 17일 서울중앙지검에 의해 연이어 기소된 후 저의 1심 재판은 여전히 진행 중입니다. 배우자 정경심 교수의 경우 2022년 1월 27일 대법원이 원심의 유죄판결을 확정했기에 계속 수형 생활을 해야 합니다. 사실과 법리 판단에 대하여 심각한 이견이 있지만, 고통스러운 현실을 받아들이지 않을 수 없습니다.

가족이 검찰 특수부에 불려가 수사를 받고 결국 구속 기소되어, 재판에 출석하고 선고를 받는 일은 필설로 다할 수 없는 고통입니다. 매번 생살이 뜯기는 것 같습니다. 2019년 사태 발발 이후 이런 고통은 계속되고 있지만, 음양으로 위로와 격려를 계속 보내주시는 시민들 덕분에 견디고 있습니다.

이런 상황에서 학자로 살다가 잠시 관직을 맡고는 '위리안치圍籬安置'된 사람이 할 수 있는 것이 무엇이겠습니까. 홀로 자신의 내면을 깊이 들여다봅니다. 관직을 맡았던 동안 읽지 못한 책을 읽습니다. 다산茶山 정약용은 귀양지 강진에서 아들에게 보낸 편지에서 이렇게 말했습니다. "폐족으로 잘 처신하는 방법은 오직 독서밖에 없다."[1] 그리고 그동안 정리하지 못한 생각을 정리하며 글을 씁니다. 그래야만 200여 년 전 손암巽庵 정약전의 말처럼, 무서운 '흑산黑山'이 희미하지만 빛이 있는 '자산玆山'이 될 수 있기 때문입니다.[2]

이 책은 심도 있는 학술 연구서가 아닙니다. 대학교수, 국가인권위원, 대통령 민정수석비서관, 법무부 장관 등의 업무를 수행하면서 오랫동안 고민하며 틈틈이 메모해둔 것을 이번 기회에 정리했습니다. 문재인 정부에서 주요 공직을 맡은 사람으로 문재인 정부에 대한 흑색선전과 편파적 비난은 바로 잡고, 따끔한 비판은 겸허히 수용하여 미완의 과제를 어떻게 해결해야 하는지 밝히고자 했습니다. 목에 칼을 찬, 부족하고 흠 있는 사람이 올리는 책이지만, '선진국 대한민국'의 취약점과 해결 과제를 소략하게 정리한 이 소책자의 합리적 핵심은 살펴봐 주시길 바랄 뿐입니다.

이 책을 탈고한 후 대선 결과를 접했습니다. '민주화' 이후에도 '탈脫민주화'는 일어난다고 하지만, 전진 기어를 넣고 달리던 대한민국이 난폭 후진하게 될까 걱정이 큽니다. 노무현 정부가 끝나고 이명박 정부가 들어섰을 때 벌어진 상황이 떠오릅니다. 'K-트럼프의 시간'이 전개될 것입니다. 윤석열 정부는 검찰을 활용한 사정 정국을 조성할 것으로 예상됩니다. 윤 당선자가 후보 시절 내걸었던 여러 공약을 생각하면, 이 책이 강조하는 '사회권'의 강화는 무망無望합니다. 정치적 민주화 이후 안착한 '자유권'도 위험합니다. 이렇게만 생각하면 암울한 절망뿐입니다. 그렇지만 이재명 후보를 선택한 47.83퍼센트, 심상정 후보를 찍은 2.37퍼센트를 합하면 50.2퍼센트로, 윤석열 정부를 감시하고 비판해야 할 일이 많아질 것입니다. 성찰하고 반성하면서 몸과 마음을 추스르고, 감당해야 할 일을 감당하고, 해야 할 일을 하고자 합니다.

2022년 3월 10일

20대 대통령 선거 결과를 확인한 새벽에

조국

머리말

‘국뽕’이 차오른다?

내가 태어난 1965년 대한민국은 ‘후진국’이었다. 1960~1970년대 필리핀은 한국보다 앞선 나라였다. 1960~1970년대 한국 사람이 ‘막사이사이상’을 받으면 언론은 대서특필했다. 이 상은 필리핀 전 대통령 라몬 막사이사이Ramon Magsaysay를 기리기 위하여 1957년 제정된 상이었다. 한국인 최초 수상자는 1962년 장준하 선생이었고, 1963년에는 김활란 이화여대 총장, 1966년에는 농촌운동가 김용기 선생, 1975년에는 이태영 변호사 등 당대 쟁쟁했던 인물들이 이 상을 받았다. 그런데 1987년 한국이 정치적 민주화를 이룬 이후에도 이 상을 받은 한국인들이 있지만, 주목도는 현저히 떨어졌다. 어린 시절 귀한 과일이었던 바나나가 필리핀에서는 천지라는 말을 듣고 부러워한 기억이 난다. 그러나 현재 필리핀을 부러워하는 한국인은 아무도 없다.

1960년대 이후 한국은 일본을 모델로 삼아 ‘추격 전략’을 펼쳤다. 일본은 경제 발전과 사회 운영의 모델이었고, ‘넘사벽넘을 수 없는 사차원의 벽’이었다. 사회, 경제, 문화 등 모든 분야에서 일본 베끼

기는 당연한 것으로 여겨졌다. 정부 각 부처에서 정책을 추진할 때 제일 먼저 참조하는 것이 일본 사례였다. 무슨 정책을 추진하려 하면 일본에 유사 사례가 있는지, 그 결과는 어떠했는지 등을 먼저 점검했다. 현대가 만든 최초의 자동차 '포니'와 일본 유수의 자동차는 도저히 비교할 수가 없었다. 민주화 운동권 내에서도 일본어로 된 진보 이론을 공부하기 위해 일본어를 학습했다. 내가 속했던 대학 동아리 MT에서 선배들은 일본어 문법 교재를 가지고 와서 속성으로 가르쳤다. 법조계와 법학계에서 일본 판례와 논문은 필수 참고 자료였다. 1980년대 중후반 대학원 석사과정 수업 시간에 일본 논문과 판례를 많이 읽었다. TV 프로그램 중 일본 것을 거의 베낀 것도 많았다. 요컨대 한국은 일본의 '번안飜案 국가' 또는 '모방 국가'였다.

오랫동안 한국 사회에서는 일본 관료제와 행정 체제의 효율성에 대한 찬양이 지배했다. 일본을 넘어설 수 있다는 주장은 만용 또는 과도한 민족주의적 희망으로 간주되었다. 2019년 7월 아베 정권이 우리 대법원의 강제징용 노동자 판결을 빌미로 수출규제를 가하며 경제 전쟁을 벌였을 때, 보수 정당과 주류 언론은 우리 정부를 비판하지 않았던가. 그러나 후쿠시마 원전 사고와 코로나 위기에 대한 일본 정부의 대처를 보면서, 일본에 대한 찬미는 사라지기 시작했다. 일본 정부의 투명성은 의심받았고, 사후 대처의 적절성도 비판받고 있다. 아베 정권의 경제 전쟁 선포에도 문재인 정부는 무릎 꿇지 않았고, 결과는 한국의 승리였다.

물론 국력 전체로 볼 때 일본은 여전히 한국보다 우위다. 그러나 반도체, 조선, 스마트폰, 가전제품 등 제조업 분야에서 한국은 일본을 제쳤다. 과거를 돌아보자. 1980년대 해외 여행이 자유화되어 일본 여행을 다녀온 사람들은 하나같이 코끼리 마크가 그려진 '조지루시 전기밥솥'을 사 왔다. 그러나 2000년 이후 이 밥솥을 사 오는 사람은 거의 없다. 오히려 한국을 방문하는 중국 관광객에게 한국제 '쿠쿠 전기밥솥'이 필수 구매품이 되었다. 1990년대까지 미국으로 유학 가는 사람들은 대부분 일본제 '소니Sony 텔레비전'을 구매하여 사용하다가 귀국할 때 가지고 들어왔다. 그러나 이제 그런 사람은 없을 것이다. 법조계와 법학계에서도 일본 논문과 판례보다는 미국, 영국, 독일, 프랑스 등의 자료를 바로 읽고 있다.

개도국에서 선진국으로

1인당 GNI국민총소득에서 한국은 일본보다 아래지만, 2020년 3월 OECD경제협력개발기구 발표에 따르면 구매력평가지수PPP 기준 한국의 1인당 GDP국내총생산가 2017년부터 일본을 추월했다. GDP를 인구수로 나눈 1인당 명목소득에서는 일본이 한국을 앞서지만, 물가와 환율을 고려하는 구매력평가지수 1인당 GDP에서는 한국이 일본을 앞섰다는 것이다. 그리고 스탠더드앤드푸어스S&P, 피치Fitch, 무디스Moody's 등 3대 국제신용평가기관은 한국의 국가신용등급을 일본보다 2단계 정도 양호한 것으로 평가하고 있다. 2021년 12월, 일본 대장성 관료 출신 경제학자 노구치 유키오野口悠紀雄 교수는 다음과 같이 예상했다.

> (1인당 GDP에서) 이대로 가면 수년 후에 한국은 확실히 일본을 추월하고 20년 후엔 일본 4만 1,143달러, 한국은 8만 894달러로 거의 2배가 된다. 즉, 인구가 일본의 절반에 못 미치는 한국이 일본의 GDP와 똑같아진다.[1]

한편 2020년 한국 국민의 생활수준을 보여주는 1인당 GNI는 G7 구성원인 이탈리아를 넘어섰다. 세계은행World Bank 홈페이지에 게재된 국가별 1인당 GNI에 따르면, 한국은 2020년 3만 2,860달러, 이탈리아는 3만 2,200달러였다.[2] G7은 미국, 일본, 영국, 프랑스, 독일, 이탈리아, 캐나다 7개 선진국이라는 단어와 동의어로 쓰이는데, 한국이 이 중 한 나라를 넘어선 것이다. 1960년대 이탈리아의 GNI는 한국의 10배였다. 이탈리아 여행을 간 사람들은 이탈리아의 문화유산에 찬탄하고 돌아왔다. "모든 길은 로마로 통한다"라는 말로 표상되는 로마제국의 유산은 지금도 대단하다.

이탈리아는 우리에게 패션의 나라로 잘 알려져 있지만, 항공·우주·기계·화학 등 중공업 강국이다. 그러나 로마와 나폴리 등에서 벌어진 쓰레기 대란을 접한 사람들은 충격을 받았을 것이다. 이탈리아 국민이 사는 건물에 설치된 느리고 낡은 승강기를 경험하면 답답함을 느낄 것이고, 만연한 소매치기를 경험하면 화가 날 것이다. 이탈리아는 여전히 강한 나라이지만, 보통의 한국인이 원하는 사회제도를 가진 나라에는 들어가지 않는다.

2021년 11월 산업통상자원부 발표에 따르면, 한국의 무역 규모가 2020년 9위에서 8위로 한 계단 올랐고 2020년 8위였던 영국(10위)을 제쳤다. 무역 규모 1~7위는 중국, 미국, 독일, 네덜란드, 일본, 홍콩, 프랑스 순서이며, 9위는 이탈리아다. 무역 강국 한국의 지위는 확고하다. 노무현 정부가 한미 FTA를 위시한 자유무역협정을 추진할 때, 좌파 진보 진영은 결사적으로 반대했다. 협정안에 우려가 되는 조항이 있는 것은 사실이었지만, FTA 때문에 한국이 망할 것이라는 좌파의 예언은 전혀 들어맞지 않았다. 한국은 미국 외 유럽연합, 영연방 각국, 중국, 인도, 싱가포르, 베트남, 동남아시아국가연합ASEAN, 터키, 칠레, 페루, 콜롬비아 등 세계 각국과 FTA를 체결하는 등 'FTA 강국'이 되었고, 그 결과 무역 강국의 지위는 더욱 확고해졌다. 노무현의 선택은 옳았다. 그러나 좌파의 반성은 없었다. 2009년 나는 "진보 진영은 한국이 '통상 국가'라는 점을 직시하고 인정해야 한다"[3]라고 강조한 바 있다.

2021년 문재인 대통령은 영국에서 열리는 G7 정상 회의에 초청을 받아 참석했다. 영국은 그동안 G7을 민주주의 가치를 공유하는 '민주주의 10개국Democracy 10, D10'으로 확장하는 방안을 추진해왔다. 즉, G7에 호주, 인도, 한국 세 나라를 더하여 10개국 협의체를 만들자는 것이다. 바이든 미국 대통령도 D10 구성에 동의하며 이를 추진하겠다고 밝혔다. 물론 D10은 국제정치 역학에서 반중反中 공조 전선을 구축한다는 의미가 있지만, 국제정치 차원에서 한국이 구성원으로 거론된다는 것은 의미가 크다.

2016년 하반기 박근혜-최순실 국정 농단 사태가 터지고 박근혜 하야, 퇴진, 탄핵 정국이 열리면서 주목받지 못했지만, 한국은 2016년 7월 국제 채권국 모임인 '파리클럽Paris Club'에 21번째 회원국으로 가입했다. 기존 선진국이 아닌 신흥국 중 파리클럽에 가입한 최초의 나라였다. 그리고 2018년 한국은 1인당 GNI가 3만 달러가 되어 '30-50클럽' 국가 대열에 합류했다. 인구 5,000만 명이 넘으면서 한국보다 앞서 1인당 소득 3만 달러를 넘은 나라는 일본(1992년), 미국(1996년), 영국(2004년), 독일(2004년), 프랑스(2004년), 이탈리아(2005년) 등 여섯 나라뿐이다.

2021년 7월, UNCTAD유엔무역개발회의는 한국의 지위를 '개발도상국' 그룹(그룹 A)에서 '선진국' 그룹(그룹 B)으로 변경했다. 한국은 공식적으로 선진국이 된 것이다. 1964년 UNCTAD가 만들어진 이래 개발도상국에서 선진국 그룹으로 지위가 격상된 나라는 한국이 처음이다. '그룹 B'에 속하는 나라는 현재 32개국이다.

1980년대 민중운동권 내에서 벌어진 사회구성체 논쟁에서 한국 사회가 자본주의가 아니라 '식민지 반半봉건 사회' 또는 '식민지 반半자본주의 사회'라는 입장이 있었지만, 현재 이런 주장을 하는 사람은 없을 것이다. 현재 한국은 고도의 자본주의 국가임이 명백하다. 한편에서는 '신新식민지 국가독점자본주의론'이 펼쳐졌지만, 현재 한국을 미국의 '신식민지'로 규정하는 것은 오류다. 한미간에 체결된 군사동맹 협약에 따라 전시 작전 지휘권이 여전히 미국에 있고[4] 세계 자본주의 체제에서 한국은 미국의 '하위 파트너'—미군이 자국 영토에 주둔하고 있는 독일과 일본처럼—라고 하겠지만, 그렇다고 해서 한국이 '신식민지'인 것은 아니다. 1980년대 민중운동은 미국의 한국 지배, 천민賤民 자본주의의 폐해를 비판하면서 목숨을 걸고 격렬히 투쟁하여 권위주의 체제에 파열구를 냈다. 이 투쟁에 힘입어 정치적 민주화의 문이 열렸다. 그렇지만 당시 내부 노선 투쟁의 두 축이었던 '민족해방NL' 대 '민중민주PD'의 대립은 이제 현실 적합성을 잃었다. 21세기 대한민국 정치의 지향은 '민생민주'일 것이다.

소프트 파워를 가진 나라, 한국

2021년 2월 영국 시사 주간지 《이코노미스트The Economist》 부설 조사 기관 '이코노미스트 인텔리전스 유닛Economist Intelligence Unit'이 발표한 〈2020 민주주의 지수Democracy Index 2020〉에 따르면 한국은 10점 만점에 8.01점을 받아, 23위를 기록했다. 2014년 이후 5년 만에 '결함 있는 민주국가flawed democracy: 6점 초과 8점 이하'에서 '완전한 민주국가full democracy: 8점 초과'로 복귀한 것이다. 한국은 2008년 이후 줄곧 '완전한 민주국가'로 평가받다가 2015년 '결함 있는 민주국가'로 하락하여 2019년까지 이 상태였으나, 2020년에 '완전한 민주국가'로 다시 올라갔다. 게다가 2022년 2월에 발표된 〈2021 민주주의 지수〉에서는 한국이 10점 만점에 8.16점을 받아 16위를 기록했다. 북유럽 나라들이 최상위권을 차지했고, 독일은 한국보다 한 칸 위인 15위, 일본은 17위, 영국은 18위를 기록했다. 한국이 지향해야 할 정치 모델에 대의제, 인권, 다원주의, 법치 등을 뺄 수 없음은 분명하고, 완벽하지는 않지만 한국은 이 기준을 충족하는 '정치 선진국'이 되었음은 분명하다.

한국이 선진국이 되었다는 생활상의 지표도 쉽게 확인된다. 예컨대 한국 의료보험 서비스는 세계 최고 수준이다. 의료 수가受價 책정 기준에 대한 의사들의 불만이 있고 이는 개선되어야 하지만, 비용과 서비스 수준 등에서 다른 어느 선진국보다 우월하다.

해외 체류 시 병원 진료를 받아야 했던 경험이 있는 사람이라면 이를 절감할 것이다. 문재인 정부가 '문재인 케어'로 의료보험 포괄 범위를 확장함으로써 의료보험 서비스의 효용은 더 커졌다.

한국의 치안 역시 세계 최고 수준이다. 심야에 범죄 피해의 우려 없이 돌아다닐 수 있는 나라는 선진국 중에서도 몇 되지 않는다. 그리고 2022년 1월에 발표된 헨리여권지수에 따르면 한국인이 무비자로 입국할 수 있는 나라는 190개국에 달하여 독일과 함께 세계 2위에 올랐다. 1위는 일본과 싱가포르다. 모바일 인터넷 속도와 와이파이 보급 범위 등도 세계 최고 수준이다. 2년마다 이루어지는 '2020년 유엔 전자 정부 평가'에서 한국은 193개 회원국 가운데 '온라인 참여 지수'에서 미국과 에스토니아와 함께 공동 1위, '전자 정부 발전 지수'는 1위 덴마크에 이어 2위를 했다.

한편 백범 김구 선생이 말한 '문화 강국'의 꿈도 실현되고 있다. 보이 밴드 BTS는 전 세계적 인기를 끌고 있다. BTS는 〈Dynamite〉부터 〈My Universe〉까지 6곡을 빌보드 차트 1위에 올렸는데, 1년 1개월 만에 6곡을 1위에 올린 것은 1964~1966년 비틀스The Beatles 이후 최단 기록이었다. 봉준호 감독의 〈기생충〉(2019)은 제92회 아카데미 시상식에서 4관왕을 거머쥐었다. 배우 윤여정 씨는 영화 〈미나리〉(2020)로 미국배우조합상 여우조연상, 영국 아카데미 여우조연상, 아카데미 여우조연상 등을 연속으로 받았다. 황동혁 감독의 〈오징어 게임〉(2021), 연상호 감독의 〈지옥〉

(2021), 이재규 감독의 〈지금 우리 학교는〉(2022) 등은 넷플릭스에서 연속으로 전 세계 시청률 1위를 기록하는 등 폭발적 인기를 끌었다. 전 세계 시민이 각 나라에서 〈오징어 게임〉 속 놀이를 흉내 내며 즐기는 현상도 벌어졌다. 한국계 미국인 유니 홍Euny Hong의 책 이름처럼 '코리안 쿨Korean cool'이 전 세계로 퍼져 나가고 있는 것이다.[5]

넷플릭스 영화 〈돈 룩 업〉(2021)에서는 혜성이 지구에 떨어지자 상황 분석을 의뢰한 나라 중 하나로 한국이 거론된다. 신문사 안에서 문제를 의논하던 중 혜성에 대하여 한국에서도 의견이 왔다고 하자, 남자 주인공(리어나도 디캐프리오 분)은 "That's great. South Korea"라고 말한다. 〈마더/안드로이드〉(2022)에서는 주인공들이 안드로이드가 지배하는 미국에서 탈출하여 가고자 하는 안전한 나라, 두 발을 잃은 남자 주인공(알지 스미스 분)에게 인공 로봇 발을 장착해줄 수 있는 나라로 한국이 제시된다. 과거 미국 영화에서 묘사되는 한국의 이미지와는 전혀 다름을 확인할 수 있다. 물론 이는 한국 시청자를 겨냥한 넷플릭스의 영리한 선택일 수 있다.

종합하면 한국은 이제 미국의 정치학자 조지프 나이Joseph Nye가 창출한 개념인 '소프트 파워soft power'를 가진 나라가 되었다. '브랜드 파이낸스Brand Finance'가 선정한 '2021 글로벌 소프트 파워 지수Global Soft Power Index 2021'에 따르면, 한국은 11위를 차지하고 있다.[6] 소프트 파워라는 개념에서 국가주의적인 냄새가 나긴 한다. 하지만 이러한 표현에서 한국이 경제력, 군사력 같은 '하드 파워hard power' 외에도 '매력'을 가진 나라가 된 것을 확인할 수 있다.[7]

2021년 1월 11일 박태웅 한빛미디어 이사회 의장의 칼럼 〈눈을 떠보니 선진국이 돼 있었다〉는 코로나 위기 속에서 큰 반향을 일으켰다.

> BTS는 한국어로 부른 노래로 빌보드 1위를 거뜬히 해낸다. 봉준호 감독은 "아카데미는 로컬이잖아"라고 말하며 천연덕스럽게 감독상과 작품상을 포함해 4개의 아카데미 트로피를 거머쥐었다. 한국의 코로나 확진자는 2021년 1월 7일 현재 6만 7,358명인데, 같은 기간 영국은 죽은 사람 숫자가 7만 8,508명이다. 미국은 2,170만여 명의 확진자에, 사망자는 36만 5,000여 명, 2차 대전 때 죽은 미군 숫자보다도 많다.…… OECD는 "한국은 효과적인 방역 조치로 회원국 중 GDP 위축이 가장 적은 국가"라고 설명했다. 오바마를 비롯해 선진국의 많은 지도자가 한국을 본받자고 목소리를 높인다.
>
> 중국의 엄청난 물량 공세에 몇 년을 고전하던 조선 산업은 기술력 우위를 입증하며 액화천연가스LNG선, 초대형 원유 운반선VLCC 등 고부가가치선들을 싹쓸이해 지난해 연말에만 12조 5,000억 원어치를 수주하며 중국을 저만치 떨어냈고, 전기차 시대를 맞은

한국의 배터리와 반도체는 하늘로 치솟고 있다. 한국의 경제 규모(GDP 기준)는 세계 9위로 올라섰고, 우리 앞에는 이제 여덟 나라밖에 없다. 그래서 우리는 선진국이 된 것일까?[8]

나는 박 의장이 던진 질문 "그래서 우리는 선진국이 된 것일까?"에 대하여 긍정의 답을 하면서도, 지속 가능한 선진국이 되기 위해서 **'사회권'을 강화하는 사회·경제적 제도 개혁**이 긴급함을 말하고자 한다.

사회권은 우리나라에 여전히 익숙하지 않은 개념이다. 헌법학에서는 단결권·단체교섭권·단체행동권 등 노동3권, 근로의 권리, 인간다운 생활을 할 권리, 주거권, 보건권 또는 건강권 등을 사회권으로 분류한다. 국제적으로 유엔의 '경제적·사회적·문화적 권리에 관한 국제 협약'에 규정되어 있는 권리다. 풀어 말하면 **노동, 주거, 복지, 생계, 의료 등의 분야에서 사회·경제적 약자가 인간으로서의 존엄과 행복을 유지하고 살아갈 수 있도록 보장받아야 할 권리를 말한다.** 그런데 우리나라에서 사회권은 시민의 '권리'가 아니라 국가의 '시혜'인 것처럼 인식되고 있다. 이 점에서 이 책은 박태웅 의장과 다른 측면에서 선진국 대한민국이 부족한 면을 지적하고 해결해야 할 과제를 제시하고자 한다.

사회권 강화를 주장하는 나에 대해 기업하기 어렵게 만드는 주장을 한다는 반론이 예상된다. 그러나 보수 언론과 야당의 주장과 달리, 세계은행이 매년 발표하는 '기업환경평가 순위Ease of Doing Business Ranking'에 따르면 한국은 4~5위를 유지하고 있다. 2020년 순위에서 한국보다 앞 순위 나라로는 뉴질랜드(1위), 싱가포르(2위), 덴마크(3위), 홍콩(4위)이 있을 뿐이다. 한국은 이미 충분히 '친기업 국가'다.

선진국 대한민국은 사회·경제적으로 취약한 계급·계층·집단의 희생에 기초하여 이루어졌고, 불평등과 양극화라는 심각한 문제점을 내포하고 있다. 선진국이라는 칭호는 이러한 문제점에도 불구하고, 한국이 이런 문제를 해결할 것이라고 기대하면서 미리 당겨 받은 칭호다. 이 점에서 대한민국은 '가불假拂 선진국'이다. 나는 교수로 재직하던 2017년 《사회권의 현황과 과제》라는 책을 엮으면서 다음과 같이 말했다.

> "OECD와 G20 가입 국가로서 복지국가를 실현할 물적 토대를 이미 다 갖추고 있다. 이에 반해 OECD 가입 국가 중 한국의 복지 수준이 가입 국가의 최저 수준인바, 한국은 '**복지 저개발 국가**', '**사회권 저개발 국가**'라 불러 마땅하다."[9]

선진국이 되었다고 시쳇말로 "국뽕이 차오른다!"라고 기뻐할 수만은 없는 상황이다. 이러한 문제점을 그대로 두면 선진국 한국의 지속 가능성은 약해진다.

직접 대입할 수는 없지만 아르헨티나의 예를 보자. 20세기 초중반 아르헨티나는 세계 10대 부국에 속했다. 수도 부에노스아이레스Buenos Aires는 '남미의 파리'라고 불렸는데, 화려한 바로크식 건물이 즐비했으며 1913년에 지하철이 운행되기 시작했다(한국 지하철 1호선은 1974년에 개통되었다). 아르헨티나는 유럽 여러 나라 노동자들이 이민 가고 싶어 하는 나라였다. 우리나라에서도 인기를 끈 만화영화 〈엄마 찾아 삼만 리〉(1976)는 주인공 마르코가 이탈리아 제노바에서 아르헨티나로 일하러 간 엄마를 찾아가는 이야기를 다루고 있다. 그러나 1976년 쿠데타로 집권한 비델라Jorge Rafael Videla Redondo 군부 정권이 반대파 탄압을 위해 벌인 '더러운 전쟁guerra sucia'과 최저임금 폐지, 해고 자유화 등 '신자유주의' 정책의 폐해, 1989년 정치적 민주화 이후 발생한 경제 위기 등으로 아르헨티나는 선진국에서 완전히 멀어졌다. 요컨대 후진국이 선진국이 되기도 매우 어렵지만, 선진국이 되었다고 그 지위가 늘 유지되는 것은 아니다.

우리는 대한민국이 식민지, 전쟁, 그리고 군사독재와 권위주의 체제를 겪은 후 선진국이 되었음에 자부심을 가져도 좋다. 그러나 충분한가? 아니다. '외연적外延的 발전'을 넘어 '내포적內包的 발전'을 이룩하기 위한 사회 개혁이 필요하다. '국뽕'을 넘어 선진국 대한민국에 필요한 사회·경제적 제도 개혁을 고민해야 한다. 심각해지는 자산 및 소득 격차를 해소하지 않으면 지속적 발전과 국민 통합은 어렵다. **확보된 '자유권' 보장은 기본으로 하면서 '사회권' 보장을 '자유권' 보장 수준으로 높여야 한다.** 그래야만 선진국 반열에 오르기 위해 '가불'했던 '빚', 그래서 여전히 남아 있는 '빚'을 갚을 수 있다.

차례

1장 문재인 정부의 성과

문재인 정부는 촛불혁명의 정신에 기초하여
정치적 민주주의를 부활시켰고 권력기관을 개혁했으며,
코로나19 위기 속에서
방역과 경제를 동시에 잡은 정부이자,
대한민국을 최초로 '선진국' 대열에 진입시킨 정부다.

○
○
○

문재인 정부 말기가 되니, 보수 야당과 언론은 문재인 정부를 폄훼하는 데 여념이 없었다. 이들은 과거 김대중, 노무현 정부에 대해서도 그랬다. 임기 내내 나라가 망한다고 비난과 저주를 퍼부었는데, 임기 종료 후 비로소 그 성과를 인정하는 것이 이들의 행동 유형이다. 그들에게는 죽은 김대중과 죽은 노무현만 좋은 김대중, 좋은 노무현이다. 지금은 두 분 대통령을 '존경'한다고 하는 보수 야당과 언론이 두 분 생존 시에 내뱉었던 비방, 악담, 저주를 생각해보라.

앞에서 보았듯이, 문재인 정부는 **촛불혁명의 정신에 기초하여 국정을 운영했고 대한민국을 최초로 '선진국' 대열에 진입시킨 정부**다. 문재인 정부의 최고 성과는 외교, 안보, 방역에 있다. 세계적으로 한국의 위상이 높아지고 한국 정부의 발언권도 강해졌다는 것, 남북 사이에 군사적 긴장이 거의 느껴지지 않을 정도로 최소화되어 '코리아 디스카운트'라는 말이 사라졌다는 것은 주지의 사실이다.

2021년 독일 잡지 《투리투에디션turi2edition》은 2021년을 결산하는 특집 기사로 '2021년의 승리자들'을 뽑았다. 국가로는 유일하게 한국을 선정하면서, 그 이유를 다음과 같이 밝혔다.

> 아시아의 선도적인 문화국가 한국은 2021년을 접수했다. K-팝은 세계를 정복했고 (서바이벌) 잔혹극 〈오징어 게임〉은 넷플릭스의 모든 신기록을 깼다. 이것으론 충분하지 않다는 듯, 한국은 팬데믹 방역에서도 진정한 모범국이다.[1]

코로나 위기 이후 한국 보수 야당과 언론은 백신 효능에 의문을 제기하고 문재인 정부의 방역을 줄기차게 비난했지만, 한국의 방역은 세계적 찬사를 받고 있다. 미국의 방역학자 빈센트 라즈쿠마Vincent Rajkumar는 2021년 11월 7일 트위터에 다음의 글과 표를 올렸다. "한국은 역학의 교과서적 원칙을 따랐다. 인구의 75퍼센트가 백신을 완전히 접종할 때까지 사망률을 40배 낮게 유지했다. 이것이 성공이다."

2020년 12월 국제표준화기구ISO는 한국의 감염병 진단 기법을 국제 표준으로 지정했다. 2021년 11월 23일 《블룸버그Bloomberg》는 한국과 노르웨이, 덴마크, 핀란드, 아랍에미리트, 캐나다, 스위스 7개국을 "코로나19 방역 MVP"라고 평가했다. 또한 2021년 12월

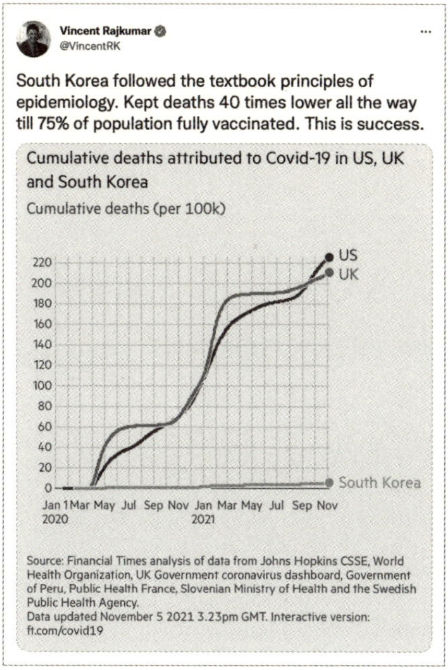

출처: 빈센트 라즈쿠마 트위터(2021년 11월 5일).

독일의 '베텔스만 재단Bertelsmann Stiftung'은 'C19 국가 비상 시기 국가 위기관리 능력 순위'를 발표했는데, 1위 뉴질랜드, 2위 대한민국, 3위 스웨덴, 4위 덴마크, 5위 독일, 6위 아일랜드, 7위 캐나다, 8위 스위스, 9위 그리스, 10위 핀란드 순이었다.

그러나 2021년 12월 한국에서 코로나 발생자가 급증한 반면 일본에서는 급감하자, 한국의 일부 교수와 기자는 "K-방역은 실패했다", "J-방역을 배워야 한다" 등의 주장을 쏟아냈다. 그러다

2022년 1월 초 일본의 코로나 신규 확진자가 60배 폭증하여 하루 6,000명을 돌파하자 이들은 침묵했다. 이들은 2019년 아베 정권이 무역 전쟁을 선포했을 때 한국 정부와 대법원을 비난했다. 이들에게는 '넘버 원 일본'[2] 사고가 뿌리 깊게 박혀 있다.

외교, 안보, 방역 세 분야에 대해서는 더 상세한 설명이 필요 없다. 지금부터는 정치 사회와 경제, 민생 등 영역에서 문재인 정부가 이룬 성과를 간략하게 정리한다.

1. 제고된 민주주의와 탄탄한 경제

'연성 독재'?—'완전한 민주주의'

보수 야당과 언론, 그리고 일부 자칭 '진보' 지식인은 문재인 정부를 "연성 독재", "파시즘으로 가는 단계" 운운하며 비판했다. 예컨대 윤석열 후보는 "총과 칼만 안 들었을 뿐 연성 독재, 연성 전체주의를 시도"한다고 비난했다. '좌파' 지식인 중 진중권 씨는 문재인 정부를 "연성 독재"라고 비방했고, 권경애 변호사는 "문재인 정권은 나치즘과 거의 흡사하다"라고 매도했다. 안철수 후보는 문재인 정부로 인하여 한국이 "전체주의 국가가 돼가고 있다"라고 주장했다. 모두 객관적 현실에 부합하지 않는 정치적 선동에 불과하다.

앞에서 언급했듯이, 영국 《이코노미스트》가 매년 발표하는 〈민주주의 지수〉에 따르면 한국은 '완전한 민주국가'다. 문재인 정부 동안 표현의 자유 등 정치적 민주주의는 최고 수준으로 보장되었다. 단적인 예가 문 대통령을 "공산주의자"라고 부른 고영주 전 방송문화진흥회 이사장에게 대법원이 명예훼손죄 무죄 취지로 파기환송했고, "문재인은 간첩", "문재인이 대한민국의 공산화를 시도했다"라고 연설한 전광훈 목사에게 1·2심 재판부가 무죄 판결을 내린 것이다. 대통령에 대한 저열하고 극단적인 비방조차 형사처벌에서 사실상 자유로워졌다.

'국경없는기자회RSF'가 발표하는 '언론자유지수'는 2016년 180개 국가 중 70위였으나, 2018년 43위, 2019년 41위, 2020년 42위, 2021년 42위를 기록하여 3년 연속 아시아권 1위를 지키고 있다. 문재인 정부는 언론에 대하여 어떠한 개입이나 압박도 하지 않았다. 현재 언론이 정부가 무서워 기사를 쓰지 못한다는 얘기는 들어보지 못했다. 여당인 더불어민주당이 '징벌적 손해배상' 도입 등을 내용으로 하는 언론 개혁 법안을 준비하자 보수 야당과 언론은 거칠게 비판했다. 그러나 이는 언론의 자유를 침해하는 것이 아니라 언론의 고의·중과실에 대하여 책임을 묻는 것일 뿐이다. 영국 옥스퍼드대 부설 로이터저널리즘연구소의 보고에 따르면, 한국 언론의 신뢰도는 2017년 이후 2020년까지 4년 연속 꼴찌를 기록했다. 한국 언론은 누리는 자유만큼 책임도 져야 하지 않을까.

한편 대한민국 건국 후 70여 년 동안 유지된 권력기관의 구조가 개혁되었다. 불법적 정치 개입과 민간인 사찰을 금지하기 위해 업무 범위에서 국내 보안 정보를 삭제하고 대공 수사권을 경찰에 이관하는 국가정보원 개혁이 이루어졌다. 댓글 공작, 세월호 민간인 사찰, 계엄령 문건 작성 등 불법을 범했던 기무사령부를 순수한 방첩·보안 기관으로 바꾸는 안보지원사령부 신설도 이루어졌다. 그리하여 과거 정권하에서 음습한 공작을 일삼던 정보기관의 행태는 자취를 감추었고, 이명박·박근혜 정부가 자행한 민간인 사찰은 완전히 사라졌다. 이제 평범한 시민이 국정원이나 안보지원사령부를 두려워하지 않는 세상이 되었다.

반면 2021년 12월 14일, 윤석열 후보는 관훈클럽 토론회에서 자신이 대통령이 되면 국정원과 검찰 등을 동원하여 인사 검증을 하겠다는 경악스러운 발언을 했다. 문재인 정부하 국정원 개혁이 이루어지면서 북한, 간첩, 산업스파이 등과 관련된 민간인 외에는 국정원의 인적 정보 수집이 금지되었다. 국정원 국내 정보담당관 intelligence officer, IO도 모두 철수했다. 그런데 윤석열 후보가 이를 재개하겠다고 한 것이다.

수사·기소 기관의 구조 개혁도 이루어졌다. 해방 후 계속 유지되어온 검찰의 권한 독점과 압도적 우위가 해체되었다. 검찰과 경찰 간의 견제와 균형을 보장하는 검경수사권 조정이 성사되었고, 검사의 범죄를 수사하고 기소할 수 있는 독립적 부패 수사 기구인

고위공직자범죄수사처(이하 '공수처')가 설치되었다.

이러한 개혁에 대하여 검찰과 이를 후원하는 보수 야당과 언론은 막무가내로 비난했고 격렬하게 저항했다. 이들은 수사권 조정이 이루어지면 형사사법체계가 붕괴하고 중국식 공안 경찰이 탄생하여 세상을 쥐락펴락할 것이라고 흑색선전을 벌였지만, 그런 일은 일어나지 않았다. 공수처 관할 사건 외에는 기소권을 독점하고 있고 특수 수사 분야에 대한 직접 수사권을 보유한 검찰의 힘은 여전히 강력하다.

공수처는 원래 시민 단체나 법무부가 제시했던 구도에 비하여 현저히 작은 규모(현재 광주지검 순천지청 규모)로 출범했다. 법 제정 당시 패스트트랙에 법안을 올리기 위해 보수 야당의 동의를 얻어야 했기 때문이었다. 그 결과 인력과 경험 부족으로 인하여 큰 성과를 내지 못하고 있다. 특히 공수처가 존재 이유를 입증할 수 있었던 '고발 사주 의혹 사건'에서 성과를 내지 못하자 실망감이 커졌다. 이에 윤석열 후보는 공수처 폐지를 주장했다. 검찰총장 출신으로 검찰 개혁의 상징물인 공수처를 없애고, 자신과 관련된 수사도 막고 싶은 것이다. 그러나 공수처는 '보강'해야지 '폐지'할 조직은 아니다. 검찰의 범죄를 철저히 수사하고 막강한 검찰 조직을 견제할 수 있는 조직이 공수처다. 비판은 하되 재정비의 시간을 주어야 한다. 그리고 인적·물적 지원을 확대해야 한다.

아울러 1차적 수사권을 보장받는 경찰 수사의 독립성을 훼손

[문재인 정부 국정원·검찰·경찰 개혁 체계도]

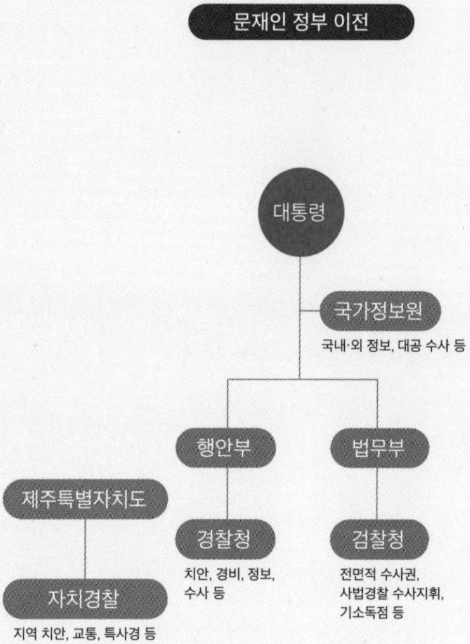

현행

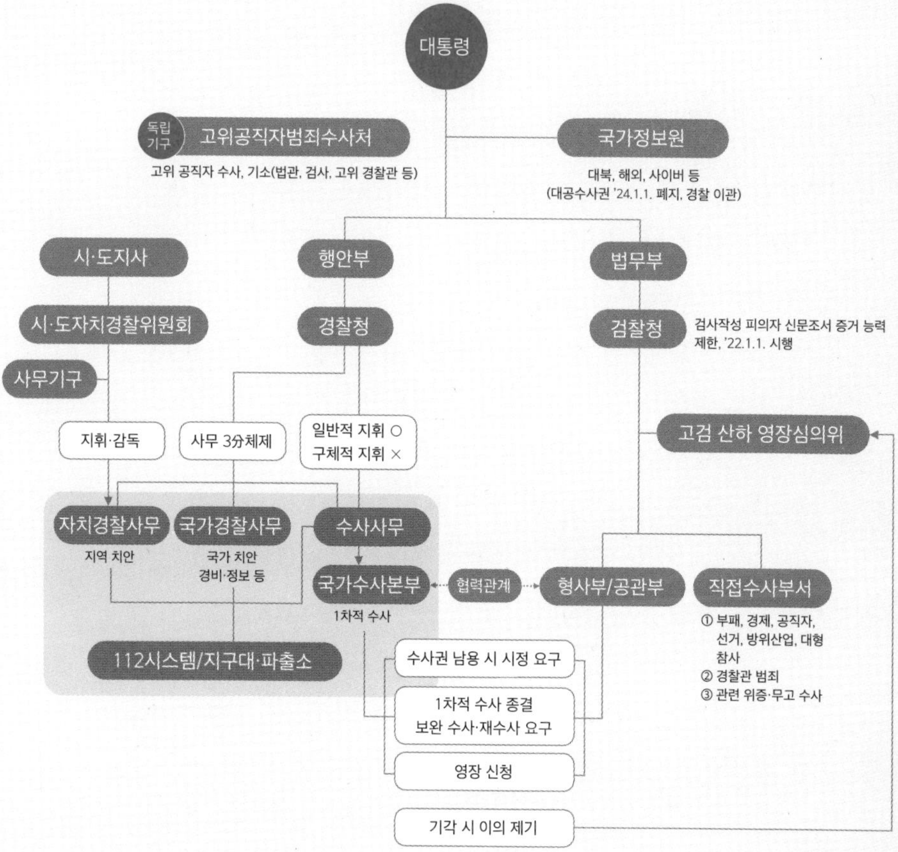

대통령
독립 기구
고위공직자범죄수사처
고위 공직자 수사, 기소(법관, 검사, 고위 경찰관 등)
국가정보원
대북, 해외, 사이버 등
(대공수사권 '24.1.1. 폐지, 경찰 이관)
시·도지사
시·도자치경찰위원회
사무기구
행안부
경찰청
법무부
검찰청
검사작성 피의자 신문조서 증거 능력 제한, '22.1.1. 시행
지휘·감독
사무 3分체제
일반적 지휘 ○
구체적 지휘 ×
고검 산하 영장심의위
자치경찰사무
지역 치안
국가경찰사무
국가 치안
경비·정보 등
수사사무
국가수사본부
1차적 수사
협력관계
형사부/공관부
직접수사부서
① 부패, 경제, 공직자, 선거, 방위산업, 대형 참사
② 경찰관 범죄
③ 관련 위증·무고 수사
112시스템/지구대·파출소
수사권 남용 시 시정 요구
1차적 수사 종결
보완 수사·재수사 요구
영장 신청
기각 시 이의 제기

하지 않도록 국가수사본부(이하 '국수본')도 설치되었다. 검찰의 보완 수사 요구가 보장되기에 국수본 수사의 효율성과 완결성에는 미흡함이 있지만, 국수본은 빠르게 자리 잡을 것으로 예상한다. 그리고 경찰 조직의 비대화를 막기 위하여 광역 단위에서 자치경찰제가 전국적으로 실시되었다. 자치경찰은 생활 안전, 교통, 경비 등 주민밀착형 치안 서비스를 제공한다. 그리하여 경찰은 국가경찰, 국수본, 자치경찰 등 3개로 분립되었다.

공수처, 국수본, 자치경찰 등 세 기구는 이제 갓 걸음마를 내디뎠다. 일정 기간 뒤뚱거림과 넘어짐이 있을 것이다. 그러나 권력기관의 분산과 상호 견제라는 대원칙을 포기할 수는 없다. 대한민국 정부 수립 시기부터 공유되었던 검찰 개혁의 최종 목표인 '수사와 기소의 분리(검찰청의 '기소청'으로의 개편)'는 다음 정부의 과제로 미루어졌지만,[3] 이상과 같은 권력기관의 구조 개혁은 역대 어느 정부도 이루지 못한 역사적 성과였다.

그런데 대선 과정에서 윤석열 후보는 공수처 관할 사건도 검찰이 수사하도록 하고, 법무부 장관의 수사지휘권은 폐지하며, 검찰총장에게 독자 예산권을 부여하겠다고 공약했다. 문재인 정부가 이룬 검찰 개혁을 원점으로 되돌리는 것을 넘어, 문재인 정부의 검찰 개혁 이전보다 훨씬 더 강한 검찰 권력을 만들겠다는 야심을 드러낸 것이다. 비유하자면 국방부 장관의 통제에서 자유로운 육군참모총장을 만들겠다는 것이다. 대한민국 역사에서 법무부 장관의 수사지휘권은 폐지된 적이 없으며, 검찰총장이 독자 예산권을 가진 적도 없다. 문재인 정부의 검찰 개혁으로 '검찰 공화국'이 약화되자, 윤 후보는 아예 '검찰 왕국'을 건설하려 하는 것이다. 물론 이는 국회에서 법률이 통과되어야 가능하다. 다수당인 더불어민주당이 이를 동의할리 만무하다. 그러나 윤 후보는 포기하지 않을 것이다. 대통령이 되면 집요하게 검찰 권력을 강화하기 위해 음양의 노력을 다할 것이다.

인사 실패에 대한 변명

2017년 촛불혁명은 적폐 청산과 국민 대통합을 동시에 요구하고 있었다. 그리하여 문 대통령은 정부가 출범한 후 포용적인 인사 선택을 했다. 예컨대 2017년 5월 문 대통령은 박근혜 정부 청와대에서 기획비서관으로 일한 홍남기 씨를 초대 국무조정실장으로 임명했다. 2018년 3월에는 박근혜 대통령이 임명한 이주열 한국은행 총재를 연임시켰다. 1978년 이후 40년 만에 이루어진 연임 사례였다. 문 대통령은 야당 소속이라고 하더라도 박근혜 탄핵에 찬성한 합리적 보수 인사를 내각에 포함하려고 진지한 노력을 했다. 예를 들면 비극적으로 고인이 된 정두언 의원이 있다. 인사 문제는 공개해서는 안 되지만, 대상자 스스로 고사를 했다고 생전에 밝힌 바 있다.

장관급 후보자의 경우 인사청문회에서 본인은 물론 전 가족의 신상이 다 털리고 망신을 당하는 일이 계속되어, 적임자라고 판단된 사람들이 손사래를 치고 고사하는 경우가 매우 많았다. 툭하면 야당은 인사청문회 경과보고서 채택을 거부했다. 특히 윤석열, 최재형 두 사람의 대권 출마 사태 이후 진보·개혁 진영 내에서는 인사권자인 문재인 대통령에 대한 비판 또는 불만이 나왔다. 그런데 당시 문 대통령을 포함해 그 누구도 이들이 '태극기 부대' 수준의 사고를 가진 사람인지 알지 못했다. 당시 인사 검증을 맡았던 청와대 민정수석실은 두 사람에 대하여 비판적 의견을 냈다. 하지만 민정수석실이 확보한 자료로는 두 사람이 이 정도일 것이라고 판단하지 못했다. 민정수석실 책임자로서 이 점에 대한 비판을 달게 받을 것이다.

2022년 1월 정용진 신세계 부회장이 인스타그램에 '멸공'이라는 글을 올리자, 윤석열 후보는 집 주변 대형 마트가 아니라 멀리 떨어져 있는 신세계 이마트에 장을 보러 가 달걀, 파, 멸치, 콩을 사고는 멸치와 콩 사진을 찍어 올렸다. 국민의힘이 마련한 'AI 윤석열'은 "달-파-멸-콩"을 샀다고 답했다. 이어 최재형 씨는 멸치와 콩을 먹는 사진을 올렸다. 권위주의 정권하에서 외쳤던 섬뜩한 구호인 멸공을 21세기 대한민국에 되살리려 한 것이다.

2017년 문재인 정부 출범 전후에는 진보·개혁 인사 대부분이 당시 윤석열 검사를 호평하고 있었다. 그는 박영수 국정농단 특별검사팀 수사팀장으로 활약하였기에 촛불혁명의 '공신' 또는 '우군'으로 인식되었다. 예컨대 2019년 검찰총장 인사청문회에서 윤석열 후보는 문재인 대통령의 측근으로 알려진 양정철 전 민주정책연구원장을 여러 번 만났고, 총선 출마 제안을 받았다고 말했다. 당시 양 전 원장은 윤석열 검사에 대하여 우호적 평가를 하고 있었기에 그런 제안을 했을 것이다. 2017년 대선 당시 이재명 후보는 대선 공약 1호로 윤석열 검사를 검찰총장으로 임명하겠다고 밝히기도 했다.

문재인 정부 출범 전후 극소수의 사람을 제외하고는 윤 검사에게 검찰총장을 넘어 대통령을 노리는 야심이 있었음을 어찌 감지했겠는가. 단, 당시 최강욱 전 공직기강비서관(현 더불어민주당 최고위원)이 밝혔듯 공직기강비서관실은 윤석열 총장 후보자에 대한 불가 보고서를 세 번이나 올렸다. 검증 보고서 작성 시 심각한 문제점이 있는 부분을 붉은색으로 표시하는데, 윤석열에 대한 보고서는 온통 빨강이었다. 윤석열 검찰은 최 비서관이 얼마나 미웠으면 이후 검찰과 국민의힘 합작으로 최 의원에 대한 고발 사주를 감행했다. 그 결과 최 의원은 세 개의 사건에서 피고인이 되어 재판을 받는 수모를 겪고 있다. 그리고 애초부터 윤석열 검사에 대한 비판적 시각을 견지하고 있던 한상진 기자 등 《뉴스타파》팀은 인사청문회에서 윤 후보자가 윤우진 전 용산세무서장(윤대진 검사의 친형)의 변호인 선정에 도움을 주는 육성 녹음을 공개한 후, 진보층으로부터 공격을 받고 많은 후원 회원이 탈퇴하는 등 곤욕을 치렀다.

노영민 전 대통령 비서실장은 언론 인터뷰에서 윤석열 후보에 대하여 다음과 같이 말했다. 문재인 정부 인사들의 마음을 대변한 것이 아닌가 싶다.

> 저런 사람이 정말 모든 주변 사람을 속이고 이렇게 한 거 아니겠어요? 어떻게 보면 **배신의 칼을 가슴속에 품고 세상을 속였다**. 저는 이제 그런 거 아닌가…… 이런 생각을 하고요.[4]

> 검찰총장 면접 당시엔 윤석열 후보가 4명의 후보 중에서 공수처의 필요성 등 검찰 개혁에 가장 강력하게 찬성했는데, 취임하자마자 180도 다른 모습을 보였다. 그때 거짓말을 했다.[5]

셰익스피어 희곡 《맥베스Macbeth》의 주인공 맥베스는 무공을 세우고 돌아오는 길에 세 명의 마녀로부터 왕이 될 것이라는 예언을 듣는다. 맥베스가 부인에게 이 예언을 말하자 부인은 덩컨 왕을 죽이라고 권유, 압박한다. 결국 맥베스는 덩컨 왕을 죽이고 왕관을 쓴다. 맥베스 부부가 권력욕에 사로잡혀 왕을 시해하기 전까지 맥베스는 충성스럽고 용맹한 무장이었다.

윤석열 검사의 마음속에 권력욕의 씨앗을 심어준 '마녀'는 누구였을까. '대호大虎 프로젝트' 운운하며 '윤석열 대통령 만들기'에 나선 이들은 누구였을까. 서울중앙지검장 시절 만났다는 《조선일보》 방상훈 회장과 《중앙일보》 홍석현 회장이 포함될 것이다. 윤석열 개인에게 충성했던 '윤석열 라인' 전현직 정치 검사 등도 유사한 역할을 했을 것이라고 추측한다. 홍 회장과의 만남에서 동석한 관상가, 김건희 씨와 연을 맺고 있었던 건진 법사 등 여러 주술가도 바람을 잡지 않았을까 싶다.

청년 정책의 제도화

여론조사를 보면 문재인 정부에 대하여 'MZ세대'의 반감이 강하다. 취업, 결혼, 내 집 마련 등이 여전히 어려운 상황이니 촛불혁명 후 출범한 문재인 정부에 걸었던 기대만큼 실망도 커진 탓이다. 선진국 현상이라 할 수 있는 성장률 둔화, 신자유주의 구조 조정과 노동시장 재편 후 고착된 비정규직 양산 등의 상황은 획기적으로 개선되지 못했다. 청년들의 시각과 입장에서 문재인 정부는 '기성 체제'일 뿐이고, 이에 대한 비판과 거부는 '권리'일 것이다. 이전 보수 정권보다 낫지 않으냐는 항변만으로는 모자랐다. '3저 호황' 등 고도성장기에 청년 시절을 보냈고, 비정규직이라는 개념이 생소했던 시대를 살았던 기성세대 일원으로서 현재의 청년 세대에게 미안한 마음이 크다.

2019년 하반기 '조국 사태'에서 내 자식이 고교 또는 대학 시절 받은 표창장 또는 인턴 증명서에 대하여 야당과 언론의 집중 검증과 검찰의 기소가 이루어졌다('조국 펀드' 운운했던 검·언·정의 합동 공세는 허위임이 확인되었다). 배우자 정경심 교수의 모든 항변은 기각되었고 대법원은 유죄를 확정했다. 참담하고 고통스럽다. 그렇지만 청년 세대가 나 개인은 물론 문재인 정부에 대해 실망하고 반감을 가진 것으로 알고 있기에 참으로 송구하다.[6] 모든 비판을 겸허히 받고 자성하면서 재판에 임하고 있음을 다시 말씀드린다.

그렇지만 2021년 11월 박수현 청와대 국민소통수석이 페이스북에 밝힌 것처럼, 문재인 정부는 "청년 정책의 본격 추진을 위한 뼈대를 세우고 제도화한 첫 정부"임은 기억해야 한다. 현재 정부가 시행하고 있는 청년 정책을 사업 과제별로 분류해보면, 일자리, 주거, 교육, 복지·문화, 참여·권리 등 5개 분야에 걸쳐 총 308개인데, 이 중 185개가 문재인 정부 출범 이후에 새로 도입된 정책이다. 청년 정책 예산도 32개 부처 23.8조 원으로 커졌다. 박 수석이 밝힌 내용을 재정리하면 다음과 같다.

첫째, 역대 최초로 청년기본법(2020년 2월) 및 시행령(2020년 8월)을 제정해 청년과 청년 정책의 개념을 법률로 명문화하고 국가와 지방자치단체에 청년 발전을 위한 의무를 부과했고, 범정부 청년 정책 컨트롤 타워인 '청년정책조정위원회'를 출범시켰다. 청년정책추진단과 청와대 청년비서관 신설, 중앙 및 지방정부 청년 정책책임관 등 하부 조직도 설치했다.

둘째, 청년에게 손에 잡히는 이익을 제공한 제도도 시행했다.

청년 고용 위축에 대응하여 '국민취업지원제도'를 도입하여 청년의 구직 활동과 생활 안정을 지원하고 있다. 저소득 구직자에게 50만 원씩을 6개월간 지급하는 제도다. 또 '청년내일채움공제' 지원을 확대하여 중소기업 취업 청년의 자산 형성 및 장기근속 지원을 강화하고 있다. 이는 청년이 중소기업에서 2년 이상 초기 경력을 쌓고, 기업은 우수한 청년 인재를 확보할 수 있도록 청년-기업-정부가 공동으로 적립해 청년의 자산 형성을 지원하는 사업이다. 기업 규모에 따른 기업자 부담을 통해 필요한 기업 및 청년을 집중 지원하는데, 30인 미만은 면제하고, 30인~49인은 20퍼센트, 50~199인은 50퍼센트, 200인 이상은 100퍼센트다. 이에 따라 2년 동안 청년 300만 원, 기업 300만 원, 정부 600만 원을 적립해 1,200만 원의 자산을 만들 수 있다.

이상과 같은 노력의 결과 청년 일자리의 증가세가 뚜렷해졌다. 2021년 10월 고용동향을 보면, 모든 연령대의 고용률이 두 달 연속 상승한 가운데 청년층(15~29세) 지표 회복이 두드러졌다. 청년층은 취업자 수가 8개월 연속 증가했다. 문재인 정부가 청년 고용을 적극적으로 독려한 덕분이다.

2021년 5월 〈문재인 정부 4년 100대 국정 과제 추진 실적〉 자료집에 따르면, 문재인 정부가 2018년 처음 시작한 '청년추가장려금'은 2020년 12월까지 6.7만 개 기업, 37.5만 명의 청년 추가 고용을 지원하여 기업당 평균 5.6명의 신규 고용을 창출했다. 청년의 장기근속을 지원하는 청년내일채움공제는 2020년 12월 기준 누적 13만 7,726명의 청년, 기업 5만 4,376개소가 가입했고, '청년구직활동지원금'은 2019년 7만 6,793명, 2020년 9만 5,730명의 청년을 지원했다. '공공기관 청년고용의무제'는 매년 목표(의무비율 평균 5퍼센트 달성)를 초과 달성하고 있다.

한편 '청년특화주택' 등 청년 주택 공급(대학 기숙사 포함), 주거 급여 분리 지급, 전월세 비용 저금리 대출 등을 통해 청년들의 주거 여건 개선을 추진하고 있다. 2025년까지 도심 내 청년특화주택 7만 6,900호를 공급하는 등 총 27만 3,000호의 청년 주택이 공급될 예정이다. 청년 전월세 부담을 완화하기 위해 2025년까지 40만 청년 가구에 저금리(전세 자금 대출: 1.2~2.1퍼센트, 월세 대출 1.0~1.3퍼센트) 대출을 지원하고, 청년우대형 주택청약통장을 통해 내 집 마련을 지원한다.

물론 이상과 같은 긍정적 변화에도 청년들의 삶이 충분히 나아지고 있다고 할 수는 없다. 청년들은 여전히 부족하다 토로하고 있음을 직시해야 한다.

경제가 폭망했다?

보수 야당과 언론은 '경제 폭망론'을 전파하고 있지만, 전혀 사실이 아니다. 예컨대 2020년 GDP 성장률이 −0.1퍼센트를 기록했는데, 이는 OECD 37개 회원국 중 5번째로 높은 수치다. 2021년 GDP 성장률은 1.1퍼센트로 2010년 이후 11년 만에 최고를 기록했다(2021년 4월 IMF가 발표한 세계경제 전망 기준으로 보면, 코로나 위기 이전의 GDP를 돌파하는 국가는 G20 중 8개인데, 그 중 선진국은 미국, 한국, 호주 등 3개국에 불과했다). 2021년 경제지표를 보면, 5월 경상수지는 107.6억 달러 흑자를 기록, 2020년 5월 대비 85.2억 달러 증가했고, 13개월 연속 흑자 흐름을 이어갔다. 상반기 외국인 직접투자도 전년 동기 대비 신고 기준 71.5퍼센트, 도착 기준 57.3퍼센트 증가해 모두 역대 2위 실적을 기록했다.

한국은행이 2021년 11월 발표한 외환보유액 통계에 따르면, 10월 말 기준 한국 외환보유액은 4,692억 달러로, 4개월 연속 사상 최대를 갱신했다. 주요국 외환보유액 순위에서 한국은 9위를 기록했다. 2020년 9월 문재인 정부는 미국 뉴욕에서 역대 최저 금리로 6억 1,500만 달러 규모의 10년 만기 달러화 표시 외평채와 마이너스 금리로 7억 유로 규모의 5년 만기 유로화 표시 외평채를 성공적으로 발행했다. 2022년 1월 산업통산부의 발표도 보면, 2021년 수출액은 6,445억 달러로 2018년에 기록한 기존 최고치(6,049억 달러)를 약 396억 달러 상회하며, 3년 만에 사상 최고치를 경신했다. 연간 수입도 처음으로 6,000억 달러를 넘으면서, 무역액도 1조 2,596억 달러로 사상 최대 규모를 기록했다.

그럼에도 보수 정당과 보수 언론은 수시로 한국이 베네수엘라가 될 것이라는 괴담을 퍼뜨렸다. 국민의힘은 2019년 '베네수엘라 리포트 위원회'를 만들고는 "문재인 정권 출범 이후 우리나라 상황과 베네수엘라 차베스 정권하의 상황은 무서울 정도로 유사하다"라고 주장했다. 2020년 9월과 2021년 10월 각각 홍준표 의원은 "문재인은 베네수엘라 완행열차", "이재명은 베네수엘라 급행열차"라고 비난했다. 그러나 한국과 베네수엘라는 비교하는 것 자체가 어불성설이다.

먼저 '크레디트 스위스Credit Suisse'가 발표한 국부 보고서에 따르면 2020년 베네수엘라 국부 총액은 3,860억 달러이다. 그런데 2021년 11월 한국 외환 보유액(한국은행 2021년 12월 3일 외환 보유액 통계 발표 기준)은 4,639억 달러이므로, 외환 보유액만으로 이미 베네수엘라 국부를 넘어섰다.

둘째, 베네수엘라는 석유 매장량 세계 1위의 산유국으로 석유 수출이 국부의 대부분을 차지하고 있다. 이를 기초로 차베스 정부는 대대적인 복지 강화 정책을 실시했으나 국제 유가 하락과 미국의 경제제재가 겹쳐 경제가 추락했다. 반면 한국은 제조업과 무역업의 나라이며, 두 업종은 세계 최상위 수준을 확고히 유지하고 있다(유엔산업개발기구UNIDO의 2020년 제조업 경쟁력 지수CIP 참조).

셋째, 베네수엘라는 하이퍼인플레이션hyper inflation으로 환율이 폭락하여 화폐가 휴지 조각이 되었지만, 한국은 이런 상황과는 거리가 매우 멀다.

넷째, 차베스 정권의 무상 복지 정책을 문재인 정부의 복지 정책으로 등치시켜 비난하는 것도 황당하다. 예컨대 2011년 오세훈 서울시장이 시장직을 걸고 초·중·고 무상 급식을 반대하다 사퇴했지만, 2021년 그는 유치원까지 무상 급식을 제공하는 데 동의하고 조희연 서울시 교육감과 협약을 체결했다. 무상 보육 정책의 경우 2007년 당시 국민의힘 전신 한나라당 이명박 후보가 공약을 제시했고, 2012년과 2022년 대선 시기 안철수 후보, 2022년 대선 시기 윤석열 후보도 모두 0~5세 무상 보육을 공약했다. 실제 충청남도는 2022년부터 무상 보육을 시행하기로 결정했다. 대한민국은 이 정도의 복지를 할 경제적 여력이 충분하며, 이는 진보와 보수의 문제가 아님을 확인할 수 있다. 보건복지부 장관을 역임한 유시민 작가는 말한다.

> 복지 정책에 반대하는 사람들은…… 복지 확충에 원칙적으로 반대하지는 않지만, 우선 더 성장하고 난 다음에 복지를 확충하자는 것이다. 일리가 있는 이야기다.…… 그런데 이는 동전의 한 면일 뿐이다. 그들은 **좋은 복지 제도가 경제성장을 가능하게 하고 국가 경쟁력을 높이는 데 긍정적 효과가 있다**는 동전의 뒷면을 애써 외면한다. 경제적 번영 또는 국가 경쟁력과 복지, 이 둘 사이에 서로를 누적적으로 강화하는 '양의 되먹임positive feedback' 현상이 있다는 사실을 인정하지 않으려는 것이다.[7]

2. 민생과 복지 개선

양극화 개선—최저임금 인상의 성과와 비판

문재인 정부 경제정책의 세 축은 '소득주도성장', '혁신성장', '공정경제'다. 이 중 소득주도성장의 내용인 최저임금 상승에 대한 비판이 거셌다. 윤석열 후보는 대선 과정에서 공공연하게 '최저임금 미만에 일할 자유'를 내세우며 최저임금제 개폐를 주장했다. 예컨대 2022년 3월 경기도 유세에서 다음과 같이 말했다.

> 최저임금보다 조금 적더라도 일하겠다는 그런 근로자들은 일자리를 다 잃게 되지 않습니까. 아니 그러면 150만 원, 170만 원 받고 일하겠다는 분 일 못하게 해야 됩니까? 200만 원 못 주는 자영업자는 사업을 접으라고 해야 합니까.

그런데 2017년 대선 후보 대다수는 최저임금 1만 원을 공약했다. 문재인, 유승민, 심상정 후보는 2020년까지 1만 원으로 최저임금을 올리겠다고 약속했고(2017년부터 3년간 매년 15.7퍼센트 이상), 홍준표, 안철수 후보는 임기 내 1만 원 달성을 약속했다(2017년부터 5년간 매년 9.1퍼센트 인상). 문재인 정부 출범 후 2018년 16.4퍼센트 인상으로 7,530원, 2019년 10.9퍼센트 인상으로 8,350원을 이뤄냈다.

그러나 이후 코로나 위기로 인한 경기 하강과 경제계의 반발 등으로 인하여 속도 조절을 하게 되었고, 그 결과 임기 내 1만 원 최저임금은 실현되지 못했다.[8] 2020~2021년 최저임금은 소폭 인상에 그쳤지만, **저소득층을 위한 근로장려금, 자녀장려금 지원이 5조 원으로 확대**되었다(2017년 1조 1,000억 원, 2018년 4조 3,000억 원, 2019년 4조 4,000억 원). 기업 대신 정부가 소득을 보장해줌으로써 최저임금이 더 인상되는 효과를 만든 것이다.

최저임금 상승은 어떠한 효과를 가져왔을까. 2021년 12월 대통령 직속 일자리위원회는 한국은행 통계를 분석한 결과 문재인 정부의 연평균 노동소득분배율이 64.9퍼센트로 나타났다고 밝혔다.[9] 과거 정부의 연평균 노동소득분배율은 노무현 정부 60퍼센트, 이명박 정부 60.3퍼센트, 박근혜 정부 62.1퍼센트였다. 임금이 중위 임금의 3분의 2에 못 미치는 저임금 노동자 비중을 정부별(연평균)로 살펴보면, 노무현 정부 25퍼센트, 이명박 정부 24.6퍼센트, 박근혜 정부 23.9퍼센트로 큰 변화가 없다가 문재인 정부에서 18.6퍼센트로 대폭 감소했다. 일자리위원회는 다음과 같이 평가했다.

> 최저임금 인상이 도소매, 음식·숙박업, 사회 서비스업 등 저임금 집단이 많은 업종에 포괄적으로 영향을 미쳤다. 문재인 정부에서 지속적인 최저임금 인상으로 저임금 노동자 비중이 크게 줄었고,

임금 불평등 지표가 크게 개선됐다.

소득분배지표를 확인하는 세 가지 지표는 지니계수, 상대적 빈곤율, 5분위 배율이다. 먼저 2021년 12월 발표된 '2021년 가계금융복지조사'에 따르면, 2020년 '균등화 처분가능소득 기준 지니계수'는 0.331이다. 지니계수가 0에 가까울수록 소득분배가 양호해짐을 뜻하는데, 0.331은 통계 작성이 시작된 2011년 이후 가장 낮은 수치다. 둘째, '상대적 빈곤율'은 빈곤선(중위소득의 50퍼센트 이하)에 속한 인구수를 전체 인구수로 나눈 비율을 말하는데, 상대적 빈곤율이 떨어졌다는 얘기는 빈곤층이 줄었다는 의미다. 2019년 처분가능소득 기준 상대적 빈곤율은 16.3퍼센트를 기록했고, 2020년은 15.3퍼센트를 기록했다. 통계 집계 이후 역대 최소치였다. 셋째, '균등화 처분가능소득 5분위 배율'은 5.85배로 나타나 전년 대비 0.4배 포인트 하락했다. 빈곤층과 최상위 소득 계층의 양극화도 개선되었음이 확인된다. 정부의 재난지원금 정책 등으로 저소득층 소득을 받쳐준 결과다.[10] 보수 언론은 재난지원금 덕분에 이루어진 개선일 뿐이라고 폄훼하지만, 코로나 위기가 장기화되는 상황에서 정부가 나서지 않았다면 저소득층은 생존을 위협받는 비참한 처지로 전락했을 것이다.

최저임금의 상승이 일자리 감소를 일으켰는가에 대해서는 논란이 있다. 예컨대 2021년 6월 전국경제인연합회 산하 한국경제

[2021년 가계금융복지조사]

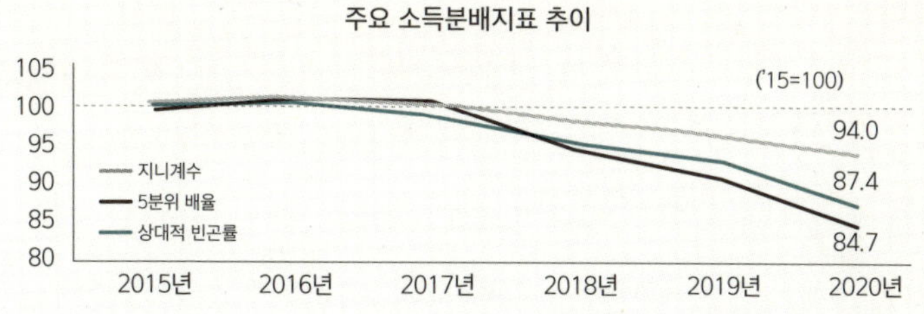

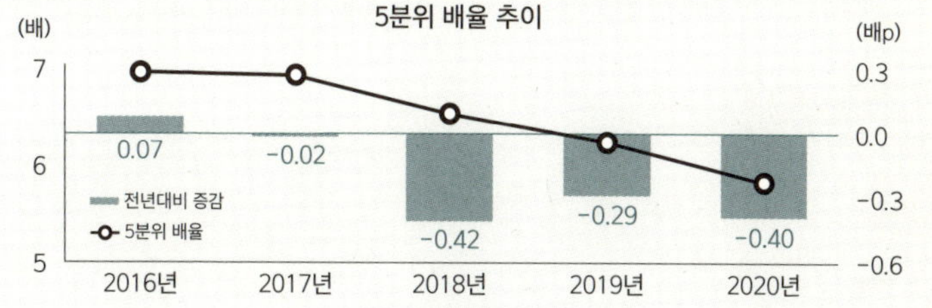

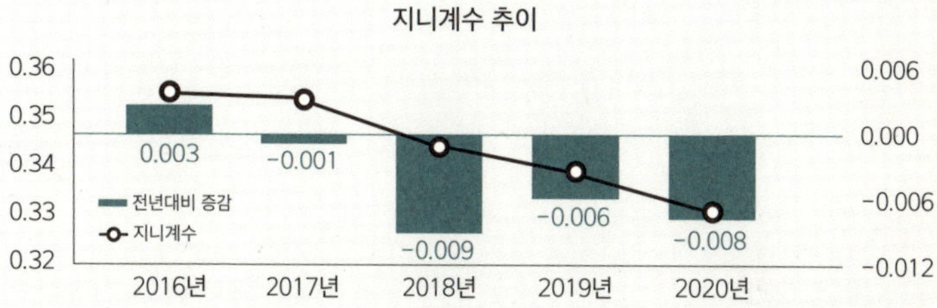

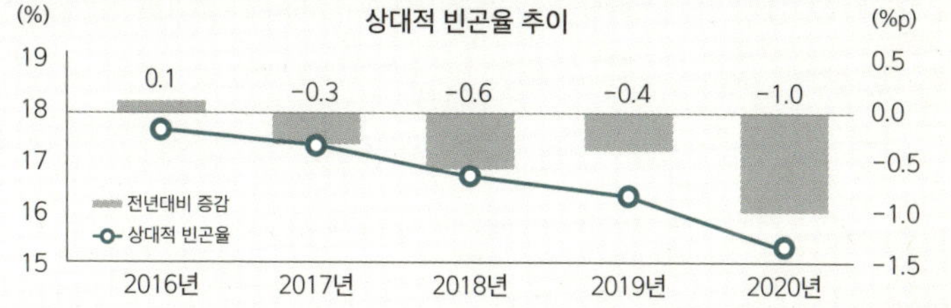

연구원이 최남석 전북대 교수에게 의뢰해 작성한 〈최저임금 인상에 따른 시나리오별 고용 규모〉 보고서를 보면, 당시 시급 8,720원인 최저임금을 1만 원으로 14.7퍼센트 올리면 12만 5,000~30만 4,000개의 일자리가 줄어들 것으로 예상했다. 반면 민주노동연구원은 통계청 경제활동 인구조사 부가 조사 등을 근거로, "최저임금이 급격히 오른 2018년(16.4퍼센트)과 2019년(10.9퍼센트), 임금노동자는 각각 0.2~0.7퍼센트, 1.3~2.6퍼센트 증가했다"라고 밝혔다.

이러한 대립하는 주장에 대한 평가에는 더욱 정밀한 조사가 필요하다. 2021년 노벨 경제학상을 수상한 데이비드 카드David Card 미국 캘리포니아 버클리대 교수의 연구는 시사점이 크다. 그는 2019년 사망한 앨런 크루거Alan Krueger 미국 프린스턴대 교수와 함께 1992년 뉴저지와 펜실베이니아 패스트푸드 식당에서 최저임금이 노동시장에 미치는 연구를 진행했다. 뉴저지 식당의 시간당 최저임금이 시간당 4.25달러에서 5.05달러로 18.8퍼센트 상승했음에도 최저임금이 오르지 않은 이웃 펜실베이니아 업계와 비교해서 일자리가 줄어들지 않고 오히려 고용이 늘었음을 증명했다. 그의 연구가 나오기 전까지 경제학에선 '완전경쟁 시장'이라는 가정하에 최저임금이 높아지면 생산성이 낮은 노동자부터 해고돼 고용이 줄어들 것이란 인식이 강하게 존재했으나, 그렇지 않음을 증명한 것이다. 향후 한국 상황을 대상으로 하는 실증 연구가 나오길 기대한다.

최저임금 인상으로 자영업자의 고통이 심해졌다는 비판도 계속되었다. 특히 코로나19 위기로 인하여 '사회적 거리 두기'가 계속되어 매출이 급감한 상황에서 이러한 불만은 가중될 수밖에 없었다. 이러한 현실은 분명히 인정해야 한다.

그러나 자영업자의 고통을 모두 최저임금 인상으로 환원하는 것은 잘못이다. 최저임금 관련 토론회에서 자영업자들이 공통으로 제기하는 가장 큰 부담은 임대료와 대출금이며, 프랜차이즈 가맹점의 경우 본사에 납부하는 가맹비, 재료비, 광고비 등이다. "수익 100 중 임대료가 60~70이고, 인건비는 20이다"라는 말이 공유되고 있다. 매출이 떨어지는 상황에서 자영업자는 인건비를 줄이고 싶을 것이다. 그렇게 되면 자영업자보다 더 사회적 약자라고 할 수 있는 '알바아르바이트' 노동자는 극렬히 반발할 것이다. '알바노조'는 다음과 같이 말한다.

> 영세 자영업자들이 힘든 이유는 무엇일까요? 인건비가 높아서 힘들까요? 아닙니다. 내수 침체, 치솟는 임대료, 대기업 프랜차이즈의 불공정 계약과 갑질 때문입니다. **이런 문제가 해결되지 않으면 최저임금이 1,000원이 되어도 영세 자영업자들은 똑같이 힘듭니다.** 최저임금을 올려 소비를 통해 내수를 늘리고 대기업과 건물주의 부당이득을 규제해야 합니다. 최저임금 1만 원은 같이 살 수

있는 길입니다.[11]

이 문제를 단지 자영업자와 알바 노동자의 대립으로 바라봐서는 안 된다. 자영업자 고통의 원인을 경감시킬 방안을 시행하는 데서 해결책을 찾아야 한다. 즉, 일자리안정자금 지원, 집합 금지, 영업 제한 업종의 임대료에 대한 정부·임대인·임차인의 분담, 코로나19 위기로 인한 부채 이자 경감, 상가 임대차 보호, 가맹점 관계 개선, 카드 수수료 인하 등의 조치가 있으면, 자영업자도 최저임금 인상의 부담을 감당할 수 있게 된다.

이러한 조치를 하려면 적극적 재정지출이 필요하다(프랜차이즈 본사와 가맹점 관계 개선은 별도의 제도 개선 사항이므로 6장에서 후술한다). 그러나 기획재정부는 이에 "곳간이 비었다"면서 반발했다. 기획재정부는 2021년 7월과 11월, 2022년 1월까지 총 세 번이나 세수 예측에 실패했다. 2021년 7월에는 예상보다 31조 원이나 세금이 많이 걷혔고, 11월에는 이보다도 19조 원이 더 걷힐 거라고 예측을 수정했다. 2022년 1월에는 초과 세수가 두 달 전 예상보다 최소 7조 8,000억 원 더 걷힐 거라는 전망이 나왔다. 요컨대 코로나19 위기를 타개하기 위한 적극적 재정지출을 할 수 있는 여력이 충분했음에도 기재부는 엉터리 세수 예측에 기초하여 곳간 타령을 했던 것이다.

그리고 윤석열 후보도 대선 과정에서 코로나19 위기로 타격을 입은 자영업자를 위하여 정부·임대인·임차인이 임대료 3분의 1을 부담해야 한다고 주장한 만큼, 이 점은 시행이 가능할 것이라 믿는다. 참고로 2020년 3월, 노벨 경제학상 수상자인 조지프 스티글리츠Joseph Stiglitz 미국 컬럼비아대 교수가 코로나19 위기로 인한 심각한 불황을 풀기 위해 '표적 재정정책targeted fiscal policy'을 강조했다. 그는 밀턴 프리드먼Milton Friedman이 사용한 '헬리콥터 머니helicopter money'라는 표현을 사용하면서, 재정 적자에 신경 쓰지 않고 막대한 예산을 투입해야 한다고 주장했다.

> 재정 지원은 엄청난 스트레스를 받고 있는 사람들에게 집중돼야 한다. 엄청난 스트레스를 받는 사람들을 지원하기 위해서는 많은 돈이 필요할 것이다. '헬리콥터 머니'로 불러도 된다.[12]

'일자리 파괴 정부?'—일자리와 고용 안전망의 개선

문재인 정부는 출범 시 '일자리 정부'를 자처하면서 일자리 증가를 위해 심혈을 기울였다. 그런데 2021년 11월 윤석열 후보는 "지난 1년간 늘어난 일자리 대부분은 시간제 아르바이트와 공공 일자리"라고 지적하면서 문재인 정부는 "가짜 일자리 정부", "일자리 파괴 정부"라고 맹비난했다. 찬찬히 점검해보자.

먼저 2021년 5월 〈문재인 정부 4년 100대 국정 과제 추진 실적〉 자료집에 따르면, 문재인 정부는 공공 부문 일자리 81만 개

[최근 5년간 고용률 추이]

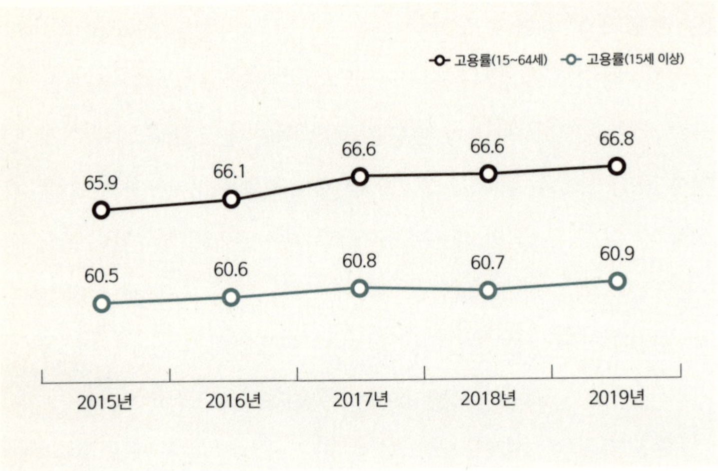

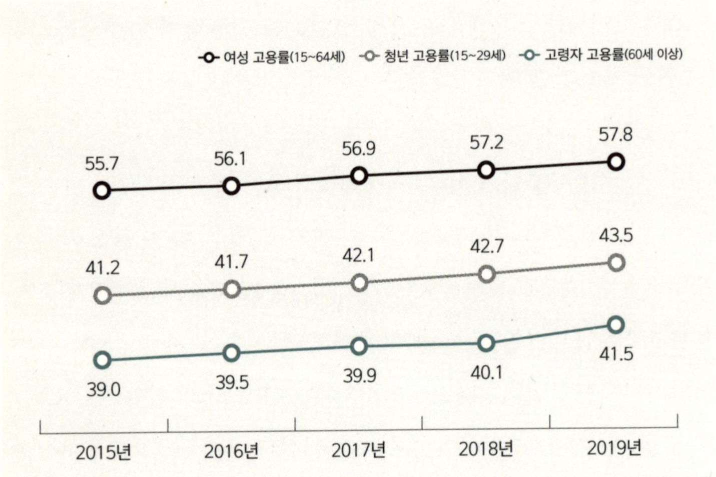

※ 취업자 증감(전년비, 만 명, 15세 이상): ('15)28.1→('16)23.1→('17)31.6→('18)9.7→('19)30.1

창출 약속 중 2020년까지 52만 8,000개(65.2퍼센트)를 이행했다. 2017~2020년 4년 동안 소방관·사회복지 공무원·유치원 특수교사·근로감독관 등 공무원 9만 7,000명을 충원했다. 보육·요양·보건 등 사회 서비스 일자리는 23만 9,000개를 창출했고, 11개 사회서비스원을 설치하고 국·공립 시설 직접 운영과 직접 고용을 확대했다.

문재인 대통령은 대선 공약으로 공공 부문 비정규직부터 정규직화해 국가 전체 비정규직 축소를 이끌겠다고 약속했다. 그리하여 2021년 6월 말까지 공공 부문 858개 기관에서 비정규직 20만 1,745명의 정규직 전환을 결정했고, 이 중 19만 5,745명이 전환을 완료했다. 정부는 정규직 전환이 민간 영역에서도 일어나도록 임금 상승분 월 최대 60만 원 1년 지원, 1인당 최대 1,000만 원 세액공제 혜택 등의 정책을 펼쳤다.

아무도 예측하지 못한 코로나19 위기로 고용 시장이 크게 위축되자 정부는 2020~2021년 편성한 56조 원 규모의 일자리 예산을 집행하여 고용 상황의 악화를 막았다. 2020년 기준 7만 2,000개 사업장의 사용자 77만 명에게 고용유지지원금 2조 3,000억 원을 지급했다(2019년 대비 34배). 2021년 하반기에는 위기 발생 이전으로 고용 시장이 거의 회복되었다. 홍남기 부총리 겸 기획재정부 장관은 2021년 10월 13일과 11월 10일 페이스북을 통하여 9월 및 10월 고용 동향을 요약하면서, 취업자 수가 코로나19 고용 충격 발생 이전 고점(2020년 2월)에 거의 근접했음을 밝혔다.

2022년 1월 통계청이 발표한 '2021년 12월 및 연간 고용 동향'에 따르면, 2021년 연간 취업자 수는 2,727만 3,000명으로 전년보다 36만 9,000명 증가했다. 2014년(59만 8,000명) 이후 7년 만에 가장 큰 증가폭이었다. 코로나19 위기가 닥친 2020년에는 연간 취업자가 21만 8,000명 급감해 IMF 외환위기 때인 1998년(-127만 6,000명) 이후 22년 만에 가장 큰 감소 폭을 기록했는데, 코로나19 위기 2년 차인 2021년에 취업자가 증가로 돌아선 것이다. 2022년 1월 고용노동부가 발표한 자료에 따르더라도, 2021년 12월 취업자 수는 코로나19 위기 이전 고점(2020년 2월)에 비해서 100.2퍼센트 회복을 달성했고, 2021년 12월 고용률(계절 조정)은 67.3퍼센트를 기록하여 위기 이전 수준 회복을 넘어 역대 최고를 기록했다.

물론 이러한 고용 회복 추세에도 불구하고 코로나19 위기로 인한 업종별 차이는 심각하다. 정보통신업, 택배 등 생활 물류, 운수 창고업 등의 분야는 일자리가 크게 증가했지만, 자동화와 비대면화로 인하여 도소매업 등 전통적 일자리는 줄어들고 있다. 이러한 산업구조의 변화에 따른 고용 시장의 변화에 대한 대처는 다음 정부의 과제가 될 것이다.

그런데 보수 언론과 야당은 이러한 성과를 모두 무시한 채 정부 공격에 급급하다. 최근 1년간 늘어난 일자리 중 시간제 아르바이트와 공공 일자리도 상당수 있음은 사실이다. 그러나 코로나 위기와 고용 시장 위축 속에서 이런 일자리라도 늘리려고 분투한 정부의 노력을 비난하는 것이 능사가 아니다. 경기가 어려울 때 민간은 일자리를 줄인다. 이때 정부가 나서 재정을 투입하여 일자리를 늘리면서 경기가 회복될 때까지 버티는 것은 정부가 해야 할 당연한 역할이다.

2022년 1월 고용노동부도 밝혔듯이 일용직이 고용 증가의 대부분을 차지한다는 것도 사실과 다르다. 2021년의 취업자 증가는 상용직 근로자를 중심으로 나타났고, 연간 임금 근로자 대비 상용직 비중(71.7퍼센트)은 역대 최고 수준이다.

윤 후보가 말하는 공공 일자리의 범위가 무엇인지 알 수 없지만, 간병·보육·노인 돌봄·장애인 활동 지원 등 사회 서비스 강화를 위한 공공 일자리는 지금보다 훨씬 더 많이 만들어져야 한다. 한국은 GDP 대비 공공 사회 지출 비중 순위가 OECD 36개 국가 중 최하위권이다. 2019년 기준 인구 1,000명당 보건 및 사회 서비스 취업자는 OECD 평균이 70.4명인데, 한국은 42.7명으로 27.7명이 부족하다. 유승민 전 국민의힘 의원이 2021년 8월 당내 대선 경선 과정에서 돌봄·보육 등 사회 서비스 일자리 100만 개 창출을 주장한 이유가 여기에 있다.

기술혁명의 시대에도 사람만이 할 수 있는, 사람의 노동력이 반드시 필

요한 일자리들이 있다. 돌봄, 간병, 보육, 고용 등의 사회 서비스 일자리들이다. 복지와 고용을 동시에 증가시키기 위해 반듯한 사회 서비스 일자리 100만 개를 만들겠다.[13]

2021년 12월 더불어민주당 이재명 후보도 같은 취지의 발언을 했다.

(정부가) 국가 공공 일자리를 많이 만든다고 야당이 흉을 보곤 하는데 정말 바보 같은 생각이다. (우리나라는) GDP 대비 사회적 일자리 비중이 너무 작다. 절반밖에 되지 않는다.[14]

그리고 김용기 대통령 직속 일자리위원회 부위원장이 2021년 11월 24일 페이스북에서 윤석열 후보의 주장에 반박한 것처럼, 윤 후보는 고용 동향 조사에 대한 이해를 제대로 하지 못하고 잘못된 비난을 했다. 윤 후보는 고용 동향 조사의 '취업 시간대별 취업자'는 취업자의 '계약 형태(전일제 혹은 단기 근로)'를 집계하는 것이 아니라 '실實 취업 시간'을 집계한 것임을 모르고 주장을 한 것이다.

물론 좋은 민간 일자리는 여전히 부족하다. 기업이 일자리를 더 늘리도록 문재인 정부는 임기 최후까지 노력했다. 예컨대 문재인 정부의 마지막 국무총리인 김부겸 총리는 2021년 하반기 청년

채용 정책인 '청년희망온(ON)' 프로젝트를 적극 추진했다. 김 총리가 재벌 총수들을 만나 진솔하게 협력을 요청한 결과, 삼성 3만 개, 현대 4만 6,000개, LG 3만 9,000개, SK 2만 7,000개, 포스코 2만 5,000개, KT 1만 2,000개 등 총 17만 9,000개 청년 일자리가 만들어졌다. 이러한 노력은 계속될 것이다.

2021년 12월 문재인 대통령은 '청년희망온(ON) 참여 기업 대표 초청 오찬 간담회'에서 6대 대기업 외에도 중견·중소기업과 플랫폼 기업 등이 청년희망온(ON) 프로젝트에 참여할 수 있도록 추진할 것을 지시했다. 이후 2022년 1월 청년희망온(ON) 시즌2의 첫 프로젝트로 경북 포항 영일만 산업 단지의 중견 기업 '에코프로'는 향후 3년간 직접 채용으로 총 2,800명, 벤처 투자를 통한 생태계 조성에 의한 200개를 포함해 일자리 3,000개를 창출한다고 발표했다. 시즌2에 이어 시즌3, 시즌4 등이 이어지길 희망한다.

한편 문재인 정부는 2020년 170만 명(전년 대비 17.95퍼센트 증가)에게 실업 급여를 지급했다. 2021년부터는 취업 취약 계층을 위한 맞춤형 취업 서비스를 제공하고 있으며, 특히 저소득 구직자에게는 생계 지원도 함께 제공하는 '국민취업지원제도'를 시행하고 있다.

문재인 정부는 특수형태근로종사자(이하 '특고')와 예술인에 대한 고용보험 적용 방안을 마련하여 고용보험법을 개정했다. 2021년 7월 1일부터 월 소득 80만 원 이상의 보험 설계사 등 12개

직종의 특고 종사자가 고용보험 혜택을 받고 있다. 12개 직종은 보험 설계사, 학습지 방문 강사, 교육 교구 방문 강사, 택배 기사, 대출 모집인, 신용카드 회원 모집인, 방문 판매원, 대여 제품 방문 점검원, 가전제품 배송 설치 기사, 방과 후 학교 강사(초·중등학교), 건설기계 조종사, 화물차주다. 이는 모든 취업자를 실업 급여로 보호하는 '전국민 고용보험'으로 나아가는 중요한 한 걸음이었다. 2022년 1월부터는 퀵서비스와 대리운전 기사 등 플랫폼 2개 직종, 7월부터는 기타 특고 및 플랫폼 적용 직종으로 고용보험을 확대한다. 이직이 잦은 영세 사업장 근로자에 대해서는 사회보험 이력을 6개월 이내로 완화해 사회보험료 지원 요건을 완화했다.

2020년 코로나19 위기 발발 이후 문재인 정부는 4차례 추경을 통해 고용유지지원금을 대폭 확대하여 노사의 고용 유지를 지원했고, 특고, 프리랜서 등 고용 안전망 사각지대에 있는 노동자들을 위해 긴급고용안정지원금 등 생계 지원을 실시했다. 특고, 프리랜서, 미취업 청년, 일반 택시 기사, 무급 휴직자 등 270만 명에게 3조 원이 지급되었다.

건강보험 보장성 강화—'문재인 케어'

문재인 정부가 건강보험 보장성 강화 대책을 시행한 지 4년 만에 3,700여만 명이 9조 2,000억 원의 의료비 혜택을 보았다. 정부는 2017년 의학적으로 필요한 비급여를 급여화해 환자 부담을 낮추고, 노인·아동·여성·저소득층 등 취약 계층의 의료비는 대폭 낮추는 정책을 추진해왔다. 이를 통해 '병원비 걱정 없는 나라'를 향한 몇 걸음을 크게 내딛었다. 2021년 12월 국민건강보험공단이 발표한 '2020년도 건강보험 환자 진료비 실태 조사'에 따르면 2020년 건강보험 보장률은 역대 최고치인 65.3퍼센트였다. 문화체육관광부 '대한민국 정책브리핑'이 정리한 생애주기별 변화를 살펴보자.[15]

(1) 15세 이하 입원 진료비 본인 부담률을 인하했다. 밤새 고열로 상급 종합병원 응급실 내원. 상세 불명의 폐렴 진단받고 일반 병동 4인실에 4일간 입원한 경우, 건강보험 보장성 강화 이전에는 25만 2,070원이었지만 보장성 강화 이후 15만 3,110원이 되었다.
(2) 18세 이하 치아 홈 메우기 본인 부담률을 인하했다. 영구치 어금니의 충치 예방을 위해 동네 치과의원을 외래 방문하여 어금니 8개에 치아 홈 메우기를 시행한 경우, 건강보험 보장성 강화 이전에는 7만 5,700원이었지만 보장성 강화로 2만 8,000원이 되었다.
(3) 12세 이하 충치 치료 건강보험 적용이 확대되었다. 만 13세 생일이 되기 전, 유치 아닌 영구치에 충치가 발생하여 치과의원에 외래로 초진 방문하여 치근단(치아의 뿌리 끝) 촬영과 침윤마취를 하고 3면 치료를 한 경우, 건강보험 보장성 강화 이전에는 10만 원이었지만 보장성 강화 이후에는 2만 7,400원이 되었다.

(4) 여성 생식기 초음파 건강보험 적용을 확대했다. 월경 과다로 병원에 외래 진료를 하여 자궁내막용종을 의심되어 여성생식기-일반(자궁 내 생리식염수 주입) 초음파 검사를 받은 경우, 건강보험 보장성 강화 이전에는 10만 6,200원이었지만 보장성 강화 이후에는 4만 6,100원이 되었다.

(5) 난임 시술에 건강보험이 적용되도록 만들었다. 결혼 후 5년 동안 아기가 생기지 않아 산부인과를 방문하여 난임 진단을 받고 시험관 시술을 1회 시행한 경우, 건강보험 보장성 강화 이전에는 359만 원이었지만 보장성 강화 이후에는 102만 원이 되었다.

(6) 흉부 초음파에 건강보험 적용이 확대되었다. 왼쪽 유방에 통증이 있어 자가 촉진했더니 단단한 덩어리가 만져져 여성 전문병원 내원하여 흉부(유방·겨드랑이) 초음파 검사를 실시한 경우, 건강보험 보장성 강화 이전에는 9만 3,200원이었지만 보장성 강화 이후 4만 3,500원이 되었다.

(7) 뇌·뇌혈관 MRI 건강보험을 확대하여 본인 부담 상한제를 개선했다. 구토와 어지러움 증상을 동반한 지속적 두통으로 상급종합병원에 입원하고, 뇌질환이 의심되어 뇌·목 혈관 MRI 검사 시행 후 경동맥의 폐쇄 및 협착으로 3인실에 31일간 입원한 경우, 건강보험 보장성 강화 이전에는 1,594만 원이었지만 보장성 강화 이후 350만 원이 되었다.

(8) 임플란트 본인부담률을 인하했다. 치통으로 치과의원을 방

문, 충치가 심해 치아 2개 발치 후 임플란트를 실시한 경우, 건강보험 보장성 강화 이전에는 104만 원이었지만 보장성 강화 이후에는 74만 원이 되었다.

(9) 간 초음파 건강보험 적용을 확대하고 재난적 의료비 지원을 확대했다. 성인 호흡곤란 증후군, 세균성 폐렴, 상세 불명의 간염 및 신장병으로 종합병원에 57일 입원한 경우, 건강보험 보장성 강화 이전에는 5,139만 원이었지만 보장성 강화 이후에는 763만 원이 되었다.

(10) 치매 진단 검사 비용을 낮추었다. 치매가 의심되어 병원에 가서 경도인지장애 MRI 검사와 신경인지검사를 실시한 경우, 건강보험 보장성 강화 이전에는 100만 원이었지만 건강보험 보장성 강화 이후에는 40만 원이 되었다.

코로나19 위기가 닥친 후 한국 건강보험 체제의 장점은 더욱 분명해졌다. 미국 뉴욕에 거주하는 40대 남성 살바토르 마자라 씨는 코로나19에 감염되어 44일간 병원에 입원하여 치료받은 후 퇴원했다. 그런데 퇴원한 그에게 청구된 병원비는 총 188만 1,500달러(약 22억 3,500만 원)였다. 보험사와 분쟁을 벌이는 청구 금액은 86만 7,000달러(약 10억 3,000만 원인데, 보험사와 분쟁을 통해 치료비를 일부 삭감받을 수 있다고 하더라도 최소 12억 원에 달하는 100만 달러)의 병원비를 내야 한다.[16] 한국의 경우 환자 본인이 부담하는 코로나19 진료비는 없으며, 경증 환자의 병원비는 약 330만 원, 중증의 경우 약 1,200만 원, 위중증의 경우 7,000만 원이다.

그런데 윤석열 후보는 "지속 불가능한 보건 포퓰리즘 '문재인 케어'가 국민 부담을 가중하고 있다"라고 비난했다. 윤 후보는 구체적 근거를 제시하지 않았지만, 국민의힘과 보수 언론의 기존 주장과 맥을 같이 하는 것으로 보인다. 즉, 문재인 정부 초 건강보험 기금 적립 금액이 20조 원이었고 계속 흑자를 유지했는데, 2018년 시작한 문재인 케어로 인해 보장성이 확대되어 적자로 돌아섰고, 이대로 가면 건보 재정이 파탄날 것이라는 비판이다.

국민건강보험공단 자료 등에 따르면 건강보험의 재정 수지가 3년 연속 적자를 기록하고 있음은 사실이다. 그러나 건강보험 재정 적자 원인이 문재인 케어 때문만은 아니다. 먼저 2021년 2월 국민건강보험공단의 자료에 따르면 부과 체계 개편, 코로나19 대처, 고령화 등이 재정 적자 원인이다. 즉, 2018년 7월 부과 체계 개편 1단계 시행으로 저소득 지역 가입자 568만 세대의 보험료가 인하됐다. 그리고 코로나19 위기 상황에서 요양 기관의 안정적 운영을 위한 조기 지급 및 선지급 등 추가 지출과 코로나19 검사·치료비 및 백신 접종비 지원, 고령화로 인한 노인성·만성 질환 급여비 증가 등의 상황이 발생했다.

2021년 10월 보건복지부 설명 자료에 따르면, 최근 3년간 건강보험 재정 적자는 2019년 4월 발표한 1차 건강보험종합계획

당시부터 예상했던 수준이다. 건강보험 누적 적립금 역시 2021년 6월 기준 18조 2,000억 원을 보유해, 2020년 말 17조 4,000억 원보다 약 7,500억 원 증가해 당기 수지 흑자로 전환됐다.

문재인 케어에서 의료 취약층, 희귀 질환자, 위중한 환자 등을 집중 지원하는 개선이 필요하고, 불필요한 의료 이용 행태를 개선해야 한다. 예컨대 대한의사협회가 제안했던 개선책, 즉 국민 생명과 직결된 분야를 '필수 급여'로 정의하고 필수 급여 이외의 간병료 등을 '일반 급여'로 정의하여 급여화 우선순위를 재조정하는 것이 필요하다.[17] 급여권에 포함된 의료 기술에 대한 사후 관리를 강화하는 것, 진료 현장에서 진료 지침 역할을 하는 심사 체계를 개편하는 것, 중복되는 심사와 평가 제도를 통폐합하는 것, '신新 포괄수가제'[18]를 확대하는 것 등도 필요하다. 또한 건강보험의 재정 건전성을 유지하기 위해서 정부 지원금을 확대할 필요가 있다. 현재 건강보험 재정 적자는 예상 보험료 수입액 대비 14.4퍼센트(2022년 기준)를 적용한 결과인데, 법률에 따르면 건강보험 국고 지원금은 수입액의 20퍼센트에 상당하는 금액을 지원해야 한다. 요컨대 문재인 케어는 '폐지'가 아니라 '보완'되어야 하는 건강보험 체제다.

2장 미완의 재조산하

소득과 자산의 양극화 자체도 문제지만,
계층 이동이 불가능해진다는 것이 더 큰 문제다.
2018년 OECD는 한국의 저소득 계층이 중산층으로 이동을 하려면
다섯 세대, 약 150년의 시간이 필요하다고 발표한 바 있다.

'부산 3대 친문'이라 불렸고 여전히 더불어민주당 정부를 지지하는 동명대 김동규 교수는 2021년 10월 18일 〈'재조산하再造山河: 나라를 다시 만들다'는 실현되었는가?〉라는 칼럼에서 다음과 같이 썼다.

> 아파트 가격 폭등세가 계속 중이다. 복수의 언론 보도에 따르면 서울 지역 아파트 평당 가격이 2017년에 비해 두 배 정도 올랐다 한다. 이 문제는 단순히 개별 부동산 소유자의 자산 변동 의미에 국한될 수 없다. 공동체를 휩쓰는 압도적 투기 열풍이 건강한 노동의 가치와 미래 희망을 압살하기 때문이다. 고작 1,2년 만에 사람들이 눈앞에서 몇 억의 불로소득을 챙기는 걸 뻔히 지켜보는데 2030 젊은이들에게 무슨 성실한 노동 의욕이 생기겠는가.

미증유의 코로나19 사태를 극복하느라 애를 많이 썼다. 거시 경제지표도 나쁘지 않다. BTS와 〈오징어 게임〉으로 대표되는 K-컬처의 상승세도 눈부시다.……

한 사회가 이룩한 진보적 개혁 성과의 근원적 지표는 **왜곡된 분배와 노동 구조의 개선**이다. 특히 이 대목에서 현 정부가 어느 정도 성과를 거두었는가에 대하여 나는 결코 긍정의 고개를 끄덕일 수 없다. 태안화력발전소 비정규직 노동자 김용균 씨의 참극을 겪고도 결국 누더기가 되어버린 중대재해처벌법 시행령이 단적인 예다. 1인당 GDP 3만 달러를 넘어선 이른바 선진 대한민국은 아직도 여전히 '기득권에 의한, 기득권을 위한, 기득권의' 공화국인 것이다.[1]

프랑스 파리경제대학교가 설립한 '세계불평등연구소World Inequality Lab'가 2021년 12월 발간한 〈세계 불평등 보고서 2022〉에 따르면, 한국 성인의 평균 소득은 영국, 스페인, 이탈리아보다 높은 수준이지만 불평등은 훨씬 심각하다.

2021년 기준 한국의 상위 10퍼센트가 1인당 15만 3,200유로(약 1억 7,850만 원)를 벌어 국가 전체 소득의 46.5퍼센트를 가져가는 동안, 하위 50퍼센트는 1만 600유로(약 1,233만 원)를 벌어 전체 소득의 16퍼센트만을 가져갔다. **'부'의 불평등은 '소득'의 불평등보다 심각하다**(이 보고서가 정의하는 부에는 주식, 채권 등 금융자산과 주택과 같은 비금융자산, 부채 등이 모두 포함된다). 상위 10퍼센트가 보유한 부는 평균 105만 1,300유로(약 12억 2,508만 원)로 전체 부의 58.5퍼센트이고, 하위 50퍼센트는 평균 2만 200유로(2,354만 원)로 5.6퍼센트에 불과하다.

소득을 기준으로 하면 상위 10퍼센트와 하위 50퍼센트의 격차가 14배이고, 부를 기준으로 하면 상위 10퍼센트와 하위 50퍼센트의 격차가 52배에 달한다. 서유럽권 소득 격차와 비교해보면 프랑스는 7배로 한국의 절반이고, 이탈리아와 스페인이 8배, 영국이 9배, 독일은 10배로 한국보다 격차가 적었다.

최배근 건국대 경제학과 교수는 "소득 및 자산 격차는 자녀의 교육 격차 및 자산 격차로 이어지면서 '금수저-흙수저' 세상을 만들어내고 있다"[2]라고 지적했다. 복지국가 전문가인 윤홍식 교수도 한국의 '이상한 성공'을 지적한 바 있다.

> 한국이 선진국이 되었다고 아무도 어린아이처럼 좋아서 펄쩍펄쩍 뛰지도 않았습니다.⋯⋯ 평범한 사람들이 위기에 처했는데도 한국 복지국가는 작동하지 않았습니다.⋯⋯ 기업은 성장하고 나라는 점점 부유해지는데, 사람들은 점점 더 불행해졌으니까요.⋯⋯ 민주주의가 계속 시민의 안정적인 삶을 보장하지 못하고 심각한 불평등과 빈곤을 방치한다면, 우리가 그런 사회를 민주주의 사회라고 부를 수 있는지 의문이 듭니다.⋯⋯ 세계가 부러워하는 경

제적 성공을 이루었지만, 여전히 빈곤은 만연하고 불평등은 점점 더 심각해지고 있다면, 그 성장은 도대체 우리에게 무엇을 말하고 있는 것일까요.[3]

대니얼 마코비츠Daniel Markovits 교수의 날카로운 지적처럼, "결과의 불평등이 정도 이상으로 커지면 기회의 평등은 불가능"[4]해진다. 기성세대이자 문재인 정부에서 주요 직책을 맡은 사람으로서 이러한 현상을 뼈아프게 받아들인다. 문재인 정부의 후반부는 코로나19 위기 속 경제 살리기에 역량이 집중되어 다른 과제가 뒤로 밀렸지만, 국민은 냉정하다. 1장에서 제시한 성과가 있다고, 또는 정책을 전개할 당시의 상황적 여건이 어떠어떠했다고 항변한다고 앞서 김동규 교수가 비판한 점과 불평등 심화 문제는 사라지지 않는다.

1. 집값 폭등

먼저 부동산의 경우 문재인 정부 출범 이후에도 집값이 계속 치솟았다. 문재인 정부 청와대 정책실장을 역임한 김수현 교수의 분석처럼, "한국의 집값 상승률은 적어도 평균적으로 다른 OECD 나라들보다 낮은 편"이고 "특히 OECD 국가 중에서는 일본과 함께 하위권을 형성"[5]하고 있다. 금융 위기 이후 사상 최대로 풀린 돈이 부동산으로 몰렸고, 그 결과 주요 선진국의 집값이 사상 최대로 올랐다고 분석한다.

> 놀랍게도 코로나19가 전 세계 경제를 타격한 2020년에는 근 15년 만에 가장 집값이 많이 오르는 결과를 초래했다. 미국, 캐나다, 영국, 스웨덴, 네덜란드, 호주, 뉴질랜드 등 주요 선진국들이 모두 오른 집값에 비명을 지르고 있다.…… 집이 가장 확실한 투자 수단이자 노후 복지 자원으로 받아들여진 것이다. 넘치는 돈은 이런 현상을 전 세계적으로 확산시켰다. 북유럽의 전통적 복지국가들마저 자가 소유가 확대되고 집값이 가파르게 오르고 있다.[6]

2021년 12월 《블룸버그》가 부동산 정보 업체 '나이트 프랭크'의 '1분기 글로벌 주택 가격 지수' 조사 결과를 인용한 보도에 따르면, 세계 주요국의 집값 상승률이 2006년 4분기 이후 14년여 만에 최고 수준이다. 한국은 5.8퍼센트 올라 56개 조사 대상국 중 29번째였으나 아시아권에서는 싱가포르(6.1퍼센트)에 이어 두 번째로 높은 상승률을 보였다. 한국의 집값 상승에는 사상 초유의 저금리, 엄청나게 풀린 시중 유동성 등 외부 요인이 크게 작동하고 있었다.

"문재인 정부가 공급을 억제하여 집값이 오르고 있다"라고 보

[역대 정부의 연평균 주택(아파트) 공급 물량]

구분		노무현 정부	이명박 정부	박근혜 정부	문재인 정부
인허가	수도권	203,827	176,660	189,061	204,115
	서울	51,312	38,009	35,172	43,614
착공	수도권	159,577	89,160	177,273	200,154
	서울	35,323	24,906	33,144	47,810
준공	수도권	146,312	134,439	110,782	200,978
	서울	43,541	33,537	32,268	43,996

수 정당과 일부 언론은 주장한다. 그러나 이는 사실과 배치되는 주장이다. 2021년 10월 국회 국토교통위원회 소속 더불어민주당 강준현 의원이 국토교통부로부터 제출받은 〈연도별 주택 공급 물량 자료〉에 따르면, 문재인 정부가 수도권에서 공급한 아파트 물량은 역대 최고 수준이다.

게다가 윤석열 후보는 문재인 정부가 국민이 집을 가지면 보수 성향이 되어 정치적으로 불리하기에 "집값을 일부러 올렸다"라고 주장했다. 황당무계한 주장이었다. 그렇지만 이유 불문 문재인 정부가 집값을 잡지 못했다는 점에 실망하고, 집값 상승으로 부동산 불로소득을 얻는 사람이 늘어나면서 그에 따른 박탈감을 느끼는 사람들이 증가한 것은 사실이었다.

최근 수도권 아파트 집값이 하락 추세로 변화하고 부동산 시장도 매수자 우위로 재편되고 있지만, 가격은 이미 너무 오른 상태다. KB국민은행 리브부동산에 따르면, 2017년 5월 수도권 상위 20퍼센트(상위 5분위) 아파트 평균값은 7억 2,133만 원이었는데, 2021년 10월 평균값은 15억 307만 원이 되어 약 2.1배 상승했다(이 값은 정부가 투기과열지구에 설정한 '대출 금지선'인 15억 원을 넘은 가격이다).

집값이 폭등한 후 정부는 강하게 대출 규제를 하여 추가 상승을 막았지만, 화난 사람은 늘어났다. 전세금에 대출을 받아 집을 살 수 있었지만, 집값이 내릴 것이라는 정부의 공언을 믿고 기다렸던 무주택자는 너무 오른 집값 때문에 집을 살 수 없게 되어 화가 난다. 정부의 공언을 믿지 않고 집을 사서 돈을 번 주변 사람들을 보면 화가 난다. 직장을 다니며 돈을 모아 집을 사려고 한 사람들은 너무 오른 집값 때문에 맥이 빠지고, 덩달아 오른 전세금을 맞출 수 없어서 화가 난다. 사적 인연이 있는 진보 성향 지인은 2017년 초 전세금에 은행 대출을 조금 받아 살고 있던 아파트를 사려 했으나 집값이 하락할 것이라는 정부의 약속을 믿고 사지 않았다. 그런데 지금은 치솟은 집값 때문에 엄두도 내지 못하게 되었다고 분통을 터뜨린 적이 있다. 이런 분노 앞에 다른 선진국 집값 상승과의 비교는 의미가 없었다.

이렇게 축적된 실망과 박탈감은 김의겸 전 청와대 대변인의 상가 주택 매입 건을 계기로 터지기 시작했다. 2018년 7월 김의겸 대변인은 서울 동작구 흑석동 재개발 구역 안에 있는 25억가

량의 2층 상가 주택을 매입했다. 당시까지 **30년 무주택자**였던 김 대변인은 전 재산 14억 원에다 은행 대출 10억 원과 지인에게 빌린 1억 원을 합해 건물을 매입했다. 야당과 언론의 비판은 격렬했다. 김 대변인은 사직했고, 위 상가 주택을 매각하고 차액을 한국장학재단에 기부했다. 그러나 그에게는 이미 '흑석 거사居士'이라는 낙인이 찍혔다.

김 전 대변인의 흑석동 상가 앞에서 벌어진 자유한국당(국민의힘 전신) 의원들의 규탄 모임에는 국토위 간사 박덕흠 의원이 있었다. 박 의원의 국회의원 임기 동안(2012년~2020년 7월) 국토교통부와 국토부 산하기관들, 서울시 산하 단체 등을 통해 수주받은 공사 내역에 따르면, 박 의원 가족이 대주주로 있는 건설사들은 국토교통부와 서울시 등 피감기관으로부터 공사 수주 및 신기술 이용료 명목으로 총액 3,000억 원이 넘는 돈을 지급받아 공사를 진행했다. 게다가 박 의원은 아파트 3채, 단독주택 1채, 상가 2채, 창고 2채, 선착장 1개, 토지 36필지 등 총 288억 9,400만원 상당의 부동산을 보유하고 있었다. 그러나 박 의원에 대한 언론의 비판은 미미했고, 대중적 분노도 발생하지 않았다.

2021년 4월 박주민 의원은 '임대차 3법' 통과를 한 달 앞두고 임대료를 인상했다는 이유로 보수 언론의 집중 공격을 받았다. 그런데 자세히 보면 박 의원은 새로운 임차인과 신규 계약을 맺으면서 **보증금 3억 원을 1억 원으로 인하하고** 월세를 9퍼센트 올렸다.

그런데도 왜 5퍼센트 이상 올렸냐는 이유로 비판을 받자 사과하고 월세를 9퍼센트 인하하는 재계약을 체결했다. 반면 국민의힘 주호영 의원은 전세보증금을 23.3퍼센트 인상했으나 이에 대한 언론의 관심은 크지 않았다. 주 의원은 자신의 행위에 대하여 사과하지 않았고, 도리어 "시세에 맞춘 것이다. 낮게 받으면 이웃에게 피해가 간다"라고 답하는 데 그쳤다. 그러나 주 의원에 대한 대중적 분노는 일어나지 않았다.

왜 그랬을까? 일차적으로는 언론의 선택적 보도가 있다. 그러나 이것만으로 면피할 수는 없다. 문재인 정부의 부동산 정책에 대한 불만이 문재인 정부 인사에 대한 비판으로 집중된 것이다. "부동산 문제를 해결하지 못해 놓고 왜 너희는 부동산으로 돈을 버냐", 이것이 국민의 마음이었다. 국민이 집권 세력에게 더 큰 책임을 묻는 것에 불만을 토로할 수는 없다. 그리하여 청약 통장이 무엇인지도 모르는 보수 야당 대선 후보를 지지하는 현상이 나타난 것이다.

토지정의운동가 전강수 대구가톨릭대 교수는 문재인 정부의 부동산 정책을 냉정히 비판했다.

> 부동산 투기와 그로 인한 불평등의 심화 때문에 국민의 원성이 하늘을 찌르고 있다. 더불어민주당의 지지율이 다 죽어가던 국민의힘에 뒤처진 것도, 이재명 후보가 윤석열·홍준표 후보와 박빙

의 양상을 보이는 것도 문재인 정부가 부동산 정책을 잘못 펼친 탓이 크다.…… 세입자 처지에 있던 서민들은 약간의 돈을 더 합하면 주택을 살 수 있었는데도, 문재인 정부가 집값을 안정시키리라고 철석같이 믿고는 주택 매입에 나서지 않았다.…… 재조산하를 천명했던 문재인 대통령은 당연히 부동산 공화국 혁파를 중심 정책 목표로 삼았어야 함에도, 기껏 시장을 마사지하는 정도의 정책을 펼치는 데 그쳤고(부동산값이 올라가지도 내려가지도 않게 관리하려 했다는 뜻이다), 거기에 약간의 주거 복지 정책을 추가할 뿐이었다. 부동산 투기의 근본 원인인 부동산 불로소득에 대한 대책, 즉 보유세 강화 정책은 미약하기 짝이 없었다.[7]

2022년 1월 10일 문재인 대통령은 《연합뉴스》 인터뷰에서 다음과 같이 토로했다.

부동산 문제가 임기 내내 가장 무거운 짐이었다. 저금리 기조가 장기간 유지되는 속에 유동성이 크게 확대되며 돈이 부동산으로 급격히 몰렸다. 이는 전 세계적으로 공통된 현상이기도 했다. 역대 어느 정부보다 많은 주택을 공급했지만, 수도권 집중화가 계속되고 1인 가구가 빠르게 증가하며 주택 공급이 수요를 따라가지 못했다고 판단한다. 주택 공급의 대규모 확대를 더 일찍 서둘렀어야 했다는 아쉬움이 크다.

> 하지만 정부는 상황 반전에 총력을 기울이고 있다. 우리 정부는 부동산 문제를 최고의 민생 문제로 인식하고 투기 억제, 실수요자 보호, 공급 확대 정책을 일관되게 추진해왔다. 그 노력으로 부동산 가격은 최근 확실한 하락세로 접어들었으며 주택 공급은 속도감 있게 진행되고, 사전청약도 계속 늘려나가고 있다. 주거 안정을 위해 끝까지 노력하여 부동산 문제가 다음 정부의 부담이 되지 않도록 하겠다.[8]

2021년 재보선을 앞두고, 한국토지주택공사LH의 일부 직원이 2018년부터 문재인 정부의 3기 신도시 중 최대 규모인 광명·시흥 신도시 사업 지역에 100억 원대의 토지를 매입하여 이익을 취했다는 'LH 사태'가 터지자 불만은 폭발했다. 2021년 3월 16일 문재인 대통령은 청와대에서 열린 국무회의에서 "최근 LH 부동산 투기 의혹 사건으로 가야 할 길이 여전히 멀다는 생각이 든다. 국민들께 큰 심려를 끼쳐드려 송구한 마음"이라며 유감을 표명했다. 여당은 재보선에 패배했고, 더불어민주당 및 문재인 정부 지지도는 최저를 기록했다.

이어서 발생한 '대장동 사태'는 부동산 문제에 대한 국민적 분노를 격화시켰다. 성남시는 대장동 도시개발사업으로 5,503억을 확보하는 등 다른 자치단체와는 비교할 수 없는 성과를 거두었으다. 하지만 환수액을 제외한 거액의 개발 이익금이 소수 개인이 소유하고 있는 '화천대유 자산 관리'로 들어갔고, 이 과정에서 성남시 관계자가 불법을 범한 것이 드러났기 때문이었다.

이재명 후보가 배임죄를 범했다는 보수 언론과 야당의 주장은 근거가 매우 취약하다. 성남시는 모두 민간 개발로 해야 한다는 국민의힘 시의회의 반대를 뚫고 민간 이익을 최소화하고 개발이익을 공공 환수하는 설계를 한 것이다. 보수 언론과 야당은 법조기자 출신으로 이 사건의 핵심인 김만배 씨의 대화 녹취록에 나오는 '그분'이 이 후보라고 지목하고 비난했으나, 이정수 서울중앙지검장은 '그분'은 정치인이 아니라고 밝힌 바 있다. 그러나 이후 유동규 전 경기관광공사 사장 등이 구속 기소되면서, 대선 과정에서 '대장동 사건'은 이재명 후보를 끈질기게 괴롭혔다.

2. 소득 및 자산 격차의 심화

전 세계 영화계의 호평을 받은 봉준호 감독의 영화 〈기생충〉은 한국 사회의 심화된 빈부격차와 양극화를 '공간'의 대비를 통하여 그려낸 잔혹한 블랙코미디다. 한편에는 IT 기업 CEO 가장 '동익(이선균 분)', 가든파티를 열 수 있는 넓은 정원이 있는 저택, 기사 딸린 고급 승용차, 폭우 속에서도 물 한 방울 새지 않는 고가의 아동용 수입 텐트, 한우 채끝살을 올린 짜파구리, 한 병에 수십만 원 하는 '로얄 살루트', '글렌피딕' 등의 고급 위스키 등이 있다. 다른 한편에는 치킨 집과 대만 카스테라 가게 등을 운영하다 망한 백수 가장 '기택(송강호 분)', 습하고 지저분하고 냄새나며 비가 오면 침수되고 화장실 변기 물은 역류하고 와이파이가 없는 반지하 주택, 생계를 위해 온 식구가 해야 하는 피자 박스 접기, 기사식당에서의 가족 식사, 355ml 12캔 한 상자에 1만 원인 '필라이트' 맥주 등인 삶이 있다.

이러한 극적 대비는 봉준호 감독의 전작 〈설국열차〉(2013)에서 예고된 바 있다. 전 세계적 열풍을 일으킨 황동혁 감독의 넷플릭스 드라마 〈오징어 게임〉 역시 선진국 한국 사회에서 밀려난 사람들의 삶을 묘사한다. 해고 노동자 주인공 '기훈(이정재 분)'이 비 오는 날 편의점 앞 플라스틱 테이블에 앉아 소주를 마시며 생라면을 안주로 먹는 모습, 기훈의 노모(김영옥 분)가 당뇨발이 생겼으나 돈이 없어 입원하지 못하는 장면, 빚에 허덕거리는 등장인물들의 모습 등. 미국의 주요 경제 잡지 《포브스Forbes》는 〈오징어 게임〉과 〈기생충〉이 한국의 "불평등과 썰물처럼 빠져나가는 기회에 대한 깊은 감정을 활용"한 문화 수출품이라고 평가했다. 영국의 《가디언The Guardian》은 〈오징어 게임〉의 배경이 "오늘날 한국의 매우 실질적인 부의 불평등"이라고 지적했다. 두 영화 모두 이 불평등의 결말이 얼마나 잔혹하고 피비린내 나는 것인지 우화적인 방식으로 경고했다.

이와 같은 영화의 묘사는 단지 극적 상상만은 아니다. 2021년 2월 통계청에 따르면, 소득 격차를 가늠하는 5분위 배율은 2020년 4분기에 4.72배에 달해 전년 동기 4.64배보다 커졌다. 5분위 배율은 2020년 3분기에도 전년 동기 4.66배보다 악화한 4.88배로 나타나 2분기 연속 소득 양극화가 심화된 것이다. 지원금 효과를 제거한 시장 소득 5분위 배율은 1년 전 6.89배보다 무려 1배 포인트 급등한 7.82배여서 실제 소득 양극화는 더 심각하다. 그리고 2021년 12월 통계청이 공개한 가계금융복지조사에 따르면, 가구 순자산(자산-부채) 상위 20퍼센트(5분위)의 평균 순자산액은 12억 8,519만 원으로, 순자산 하위 20퍼센트(1분위)의 순자산 1,024만 원보다 12억 7,495만 원이 더 많았다. 5분위와 1분위의 절댓값 격차가 역대 최고로 벌어진 것이다.

수도권과 비수도권의 자산 격차도 확대됐다. 2011년 수도권의 자산이 비수도권에 비해 1.68배였는데 2015년 1.39배로 줄었다가 2019년 1.60배로 증가했다. 국회예산정책처는 2011~2014년에는 비수도권의 주택매매가격이 수도권보다 높게 상승했지만, 2015~2019년에는 수도권이 더 큰 폭으로 오른 탓으로 풀이했다. 수도권과 비수도권의 소득 격차는 2011년 1.21배에서 2015년 1.14배로 축소됐다가 2017년 1.22배로 오른 뒤 2019년 1.20배로 약간 하락했다.

이러한 자산 양극화는 2030 청년 세대에도 그대로 나타난다.

더불어민주당 김회재 의원이 2021년 10월 공개한 통계청 분석을 보면, 2020년 20~30대가 가구주인 가구의 평균 자산은 3억 1,849만 원이었다. 하위 20퍼센트에 해당하는 1분위 자산은 1년 전보다 64만 원(2.6퍼센트) 증가한 2,473만 원이었지만, 상위 20퍼센트인 5분위 자산은 7,031만 원(8.8퍼센트) 늘어난 8억 7,044만 원이었다. 최고급 외제차를 모는 청년이 증가하는 한편, 인턴이나 비정규직으로 일하면서 고시원·반지하에 사는 '쪽방 청년'도 증가하고 있다.

KB국민은행 리브부동산에 따르면, 2019년 6월 기준 12.9였던 'PIR연 소득 대비 주택구매가격 비율'은 2021년 6월 18.5로 급등했다. PIR은 주택 가격을 가구 소득으로 나눈 것인데, 서울에서 소득과 주택 가격이 중간 수준인 3분위를 기준으로 했을 때 월급을 한 푼도 쓰지 않고 18년 6개월을 모아야 집을 살 수 있다는 뜻이다. 집값 폭등이 자산 격차의 중요 원인임을 알 수 있다.

양극화 자체도 문제지만, 계층 상승이 불가능해진다는 것이 더 큰 문제다. 2018년 OECD는 한국의 저소득 계층이 중산층으로 이동을 하려면 다섯 세대, 약 150년의 시간이 필요하다고 발표한 바 있다(이는 OECD 평균인 135년보다 높은 수준으로, 미국, 영국, 이탈리아와 같은 수준의 시간이다). 노력에 의한 계층 상승이 불가능해지면, 〈설국열차〉의 꼬리칸 사람들처럼 폭력 혁명이나 〈기생충〉의 기택 가족처럼 범죄로 계층 상승을 도모하는 일이 벌어질지도 모른다.

3. 지역 불균형

지역 불균형 해소는 노무현 정부가 사실상 최초로 내세우고 추진한 국정 과제였다. 2019년 11월 대구경북연구원 연구 결과(〈대경 CEO Briefing〉 제591호)에 따르면, 역대 정부 중 노무현 정부 때 지역 균형 발전 정책의 노력과 성과가 가장 컸다. 참여정부는 '국가균형발전특별법' 제정과 '국가균형발전특별회계' 도입 등 국가 균형 발전의 제도적 기틀을 마련하고 공공기관의 지방 이전, 국가 사무 지방 이양 등 실질적인 균형 발전 정책을 추진했다고 이 연구는 평가했다.

문 대통령은 대통령 발의 개헌안에서 헌법 제1조 3항을 신설하여 "대한민국은 지방분권 국가를 지향한다"라고 선언하며 의지를 밝혔다. '국가자치분권회의'를 헌법적 기구로 만들어 정부와 지방정부 간 협력을 추진하고 지방자치와 지역 간 균형 발전에 관련되는 중요 정책을 심의하도록 했다(개헌안 제97조). 지방정부와 관련해 과거에는 법률이 허용하는 범위 내에서만 자치권을 줬다면, 개헌안에서는 법률이 금지하지 않으면 허용하는 식으로 기본원칙을 바꾸었다(개헌안 제9장). 그러나 보수 야당이 개헌에 동의하지 않았고, 개헌은 무산되었다.

그렇지만 문 대통령은 공약 사항이었던 '제2국무회의' 도입을 추진했고, 2021년 7월에는 '중앙지방협력회의 구성 및 운영에 관한 법률'이 제정되었다. 2022년 1월에는 대통령 주재로 지역 균형 발전 정책을 의논하는 최고 의사 결정 기구 '중앙지방협력회의'가 처음으로 개최되었다. 이날 회의에는 전국 시·도지사협의회장을 포함한 16개 시·도지사, 시·군·구청장협의회장, 시·도의회의장협의회장, 시·군·구의회의장협의회장 및 국무총리와 관계 부처의 장 등이 참석했다. 그리고 2021년 9월 세종시에 국회 분원을 설치하는 국회법 개정안이 국회를 통과하는 성과가 있었다.

한편 문재인 정부는 혁신 도시와 연계된 '국가혁신클러스터사업(국가혁신융복합단지)'을 대표 사업으로 추진했다. 물적·인적 인프라가 갖춰진 기존의 구역·지구·단지·특구를 균형 발전과 지역 경제 활성화에 추동하는 거점을 키우는 전략이다. 14개 시·도별 사업 분야는 다음과 같다.

- 미래차·항공 분야: 울산(초소형 전기차), 경북(전기차 부품), 세종(자율차 서비스), 경남(항공 부품)
- 바이오헬스 분야: 대구(지능형 의료기기), 강원(디지털 헬스케어) 전북(스마트 농생명), 제주(화장품 및 식품)
- 에너지신산업 분야: 충남(수소에너지), 광주(에너지 및 미래차), 전남(에너지 신산업), 충북(에너지 첨단 부품)
- 정보통신기술ICT 융합 분야: 부산(해양 ICT 융합), 대전(스마트 안전 산업)

이 사업의 성공을 위해 정부는 R&D와 비 R&D 분야에 많은 자원을 투입했고, 각 지역은 기업 유치와 고용 창출의 성과를 이룰 수 있었다.

그렇지만 세종시의 실질적 행정수도화, 청와대 제2집무실 마련, 수도권 공공기관 2차 지방 이전 등은 실현되지 못하고 차기 정부의 과제로 넘겨졌다. 노무현 정부 때부터 2019년까지 153개 공공기관을 지역으로 옮겼지만, 아직 수도권에 346개 공공기관이 남아 있다. 김부겸 국무총리는 2021년 10월 26일 "차기 정부에서 이전을 시작할 토대를 마련하겠다"라며 차기 정부의 과제로 넘겼다. '지역 균형 뉴딜'이나 '초광역 프로젝트'도 중앙정부 사업에 지역 사업을 끼워 넣는 수준으로 이루어졌다.

2021년 7월 통계청의 〈2020년 인구주택총조사〉에 따르면, 우리나라 수도권 인구가 처음으로 2,600만 명을 돌파했다. 총인구 5,182만 9,000명 가운데 50.2퍼센트가 수도권에 사는 것이다. 더불어민주당 박광온 의원이 2020년 10월 국회입법조사처에 의뢰, '30-50클럽 7개국의 수도권 집중도 현황'을 조사한 결과 우리나라는 GDP의 51.8퍼센트, 일자리의 49.7퍼센트가 수도권에 집중되어있는 상태다.

지역에 양질의 일자리와 인프라가 부족하기에 인구가 수도권으로 계속 집중된다. 수도권에 계속 집을 공급해도 수요가 더 증가하니 집값은 오른다. 지역은 노동인구, 소비 인구가 감소한다.

지방 소도시와 농촌 지역의 학교는 학생 수가 모자란다. 이러하니 지역 경제는 위축된다. 그래서 사람들이 지역을 또 이탈한다. 악순환의 연쇄다.

국회입법조사처가 2021년 10월 발간한 〈지방 소멸 위기 지역의 현황과 향후 과제〉에 따르면, 지방의 '소멸 위험지역 비율'이 매우 높았다.[9] '소멸 위험지역 비율'이란 각 지역 내 시·군·구나 읍·면·동 개수에서 소멸 위험지역(4단계·5단계) 비율을 의미한다. 이로 인해 '지역 불균형'을 넘어 '지방 소멸'로 가고 있다는 지적이 나온다. 2021년 5월 문재인 대통령도 임기 중 마지막 국회 시정 연설에서 "더욱 강한 블랙홀이 되고 있는 수도권 집중 현상과 지역 불균형도 풀지 못한 숙제"라고 인정했다.

한편 지방대학이 몰락하고 있다. 인구 급증 세대인 베이비부머가 대학에 입학한 1980년대와 달리, 저출산으로 인한 학령인구 감소와 맞물려 '인서울' 대학 선호 현상으로 신입생을 채우지 못한 지방대학은 생존 위기에 서 있다. 대학가엔 '벚꽃 엔딩', 즉 "벚꽃 피는 순서대로 대학이 문을 닫을 것"이라는 말이 돌고 있다. 과거 부산대, 경북대, 전남대, 전북대 등 지역 거점 대학 상위 학과는 서울 상위권 대학과 같은 수준의 명성을 유지했다. 부산이 고향인 내가 고교를 졸업한 1980년대 초·중·고교 동기 중 우수한 친구들 다수가 서울 사립대가 아니라 부산대를 선택했다. 그러나 지금은 서울에서 멀어질수록 하위 대학이 되어버리는 이상한 현상이 현실이 되었다. 2021년 9개 지역 거점 국립대학교인 전북대, 전남대, 부산대, 경북대 등은 추가 모집을 통해서도 정원을 채우지 못했다.

지역 거점 대학조차도 '지잡대' 낙인이 찍히고, 지방대학 출신은 취업에서 불리하기 때문이다. 2010년 개봉한 영화 〈내 깡패 같은 연인〉의 주인공 '세진(정유미 분)'은 지방대 전산과를 우수한 성적으로 졸업했고 토익 성적도 높다. 하지만 지방대 출신이라는 이유로 면접 기회도 얻지 못한다. 겨우 얻은 면접 기회에서는 조롱만 당한다. 그러다 반지하 셋방에서 영양실조로 쓰러진다. 세진의 현실이 10여 년 지난 오늘까지 별반 개선되지 못하고 있는 현실이다.

4. 계속되는 산업재해와 '위험의 외주화'

한국의 산재 사고 사망률은 OECD 국가 중 가장 높은 수준이다. 산재 사망 노동자 중 하청 노동자 비율이 약 40퍼센트에 이르고 건설·조선 업종에서는 약 90퍼센트에 달한다.

더불어민주당 이장섭 의원이 2021년 9월 고용노동부로부터 받은 2015년 이후 산업재해 현황 자료에 따르면, 산업재해자 수는 2017년 8만 9,848명에서 2018년 10만 2,305명, 2019년 10만

9,242명, 2020년 10만 8,379명으로 2018년 이후 매년 10만 명 이상의 산업재해자가 발생하고 있다. 산업재해로 인한 전체 사망자 수는 2015년 1,810명, 2016년 1,777명, 2017년 1,957명, 2018년 2,142명, 2019년 2,020명, 2020년 2,062명으로 나타났다. 사망자의 구분별로는 질병 사망자가 6,715명, 사고 사망자는 5,983명이었다. 이 숫자만큼의 장례가 치러지고, 창졸간에 가족을 잃은 사

[2017년 이후 산업재해자 수]

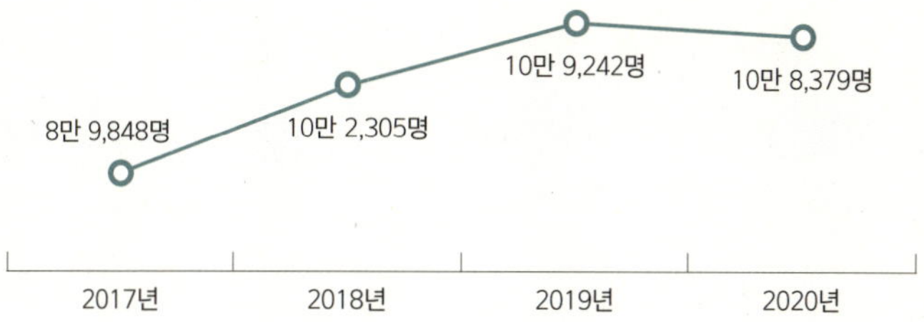

[2015년 이후 산업재해로 인한 전체 사망자 수]

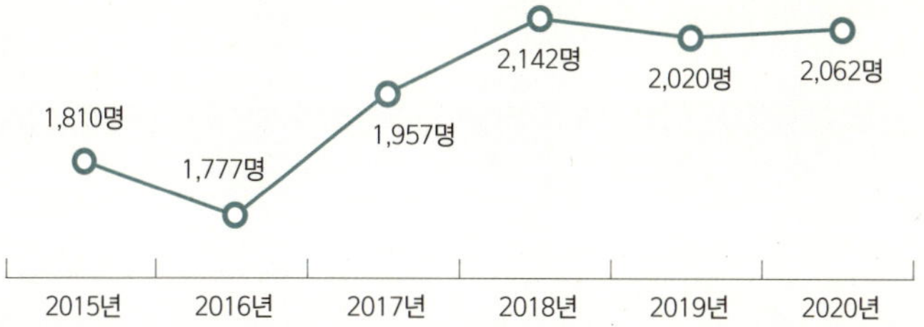

람들이 영정 앞에서 통곡했을 것으로 생각하니 가슴이 저리다.

산업재해가 비정규직이나 하청 업체 노동자에게 발생하는 '위험의 외주화' 현상도 두드러지고 있다. 노동 현장에서 위험이 큰 작업을 비정규직이나 하청 업체 노동자가 도맡기 때문이다.

이 문제점이 대중에게 알려지게 된 계기는 2016년 5월 28일 지하철 2호선 구의역 안전문 사고였다. 당시 혼자 안전문을 수리하던 외주 업체 직원(간접 고용 비정규직) 19세 청년 김모 씨(1997년생)가 지하철에 치여 사망했다. 당시 김 씨는 내 아들보다 한 살 어린 청년이었다. 사고 후 추모객이 구의역 9-4 승강장 앞에 놓은 컵라면과 그 위에 붙은 메모는 많은 사람의 심금을 울렸다.

> 컵라면 말고 따뜻한 밥 챙겨 드세요. 5월 28일, 생일 축하해요. 당신을 절대 잊지 않겠습니다. 사람은 사람답게 살아야 합니다. 부디 그곳에서는 안락하길 바랍니다.

이러한 비극은 문재인 정부 출범 이후에도 그치지 않았다. 2018년 12월 10일 충남 태안화력발전소에서 컨베이어 벨트에 끼어 사망한 김용균 씨(1994년생)의 죽음이 대표적이다. 2018년 12월 문재인 대통령은 '김용균법'이라고 불린 산업안전보건법 개정안의 연내 국회 통과를 위하여 당시 민정수석비서관이었던 나에게 국회운영위원회 출석을 지시했다. 이를 계기로 산업안전보

2021년 12월 7일 오후 충남 태안군 원북면 태안화력발전소 앞에서 열린 고 김용균 3주기 추모제 시작 전 고인의 어머니인 김미숙 씨가 아들의 동상을 안아보고 있다. (출처: 《연합뉴스》)

건법이 개정되었지만, 산업재해는 줄지 않았고 위험의 외주화는 여전하다.

최근 사고만 살펴보자. 2019년 9월 20일과 26일 잇따라 울산과 거제의 조선소에서 하청 업체 노동자들이 안전조치 없이 작업하다 숨졌다. 2020년 3월 일용직 노동자 한 명이 안전모도 받지 못한 채 인천시 서구 식당 창고에서 천장 합판 철거 작업을 하는 과정에서 추락하여 사망했다. 2020년 5월 22일 대학생 이선호 씨는 평택항 부두에서 일용직 노동자로 일하다 300킬로그램이 넘는 컨테이너 날개에 깔려 숨졌다. 이 씨는 군 제대 후 학비를 벌기 위해 아버지 이해훈 씨가 일하고 있던 평택항에 가서 일하다 참변을 당했다. 2020년 10월 쿠팡 대구 칠곡 물류 센터에서 일용직 노동자로 초고강도 노동을 해야 했던 장덕준 씨는 심각한 과로로 근육이 녹는 병이 생겨 사망했다.

2020년 10월 국가인권위원회 조사에 따르면, 간접 고용은 기업이 필요한 노동력을 사용하고 그 이익을 취하면서도, 고용에서 비롯되는 노동법상 규제는 회피할 수 있다. 이로 인해 노동자는 노동법에 의한 기본적 권리마저 보장받지 못하고 있다.

국가인권위원회는 김용균 씨 사망 2주기를 맞아 석탄 화력발전소의 필수 유지 업무 하청 노동자를 직접 고용하라고 권고했지만, 정부와 한국서부발전 등 5개 발전사는 권고를 수용하지 않았다. 2021년 8월 고용노동부가 최근 3년간 983건(1,016명)의 재해조사의견서를 분석한 결과를 보면, 산재 사고 사망자 중 하청 노동자는 55.8퍼센트로 절반이 넘었고, 공사 규모 120억 원 이상 건설 현장에서는 하청 노동자의 비중이 90퍼센트에 달했다. 2021년 6월, 17명의 사상자를 냈던 광주 학동 건물 해체 과정에 발생한 붕괴 참사 사고의 경우, 재하도급 업체 대표, 현장 소장, 굴착기 기사 등 4명이 구속되었지만, 원청인 현대산업개발은 책임을 지지 않았다.

김용균 씨의 어머니로 김용균 재단 이사장을 맡고 있는 김미숙 씨는 말한다.

위험의 외주화, 죽음의 외주화라는 말이 맞다. 위험하고 어려운 자리는 모두 비정규직에게 주고 있다. **사고 대부분이 하청에서 일어나는데, 원청은 책임지지 않는다**. 이게 나라에서 할 일인지 이해가 가지 않는다. 비정규직은 외환위기 때 임시로 만들어 나라를 살리기 위한 수단이었는데, 지금 세계 10위권의 경제 대국으로 올라섰는데도 철폐하지 않고 유지하고 있다. 우리나라는 기업과 정치권의 유착이 긴 세월 동안 진행돼 오지 않았나. 공무원이나 기업이나 정치인들의 유착 관계가 워낙 공고하다 보니 문제가 해결되지 않고, 반복적 죽음이 계속될 수밖에 없는 것 같다.[10]

한편 김용균법이 시행된 지 3개월 후인 2020년 4월, 경기도 이천시 물류 창고 화재로 38명이 사망하고 10명이 부상하는 대형 참사가 일어났다. 당시 한국산업안전보건공단은 현장에 화재 위험성이 있다고 판단, 업체 측에 여러 번 개선을 요구했지만, 이행되지 못했다. 이 참사를 계기로 기업이 안전·보건 조치를 하지 않아 중대 재해가 발생한 경우 사업주나 경영 책임자 등을 처벌해야 한다는 요구가 강하게 일어났고, 그 결과 2021년 1월 8일 '중대재해 처벌 등에 관한 법률'이 제정된다.

2022년 1월 27일부터 시행된 이 법에 따라, 사업주나 경영 책임자의 안전 확보 노력이 미흡한 상태에서 중대 산업재해가 발생할 경우 1년 이상 징역 또는 10억 원 이하 벌금으로 처벌한다. 부상이나 질병이 발생하면, 사업주에게 7년 이하 징역 또는 1억 원 이하 벌금을 부과할 수 있다. 또한 사업주나 법인이 손해액에 최대 5배까지 징벌적 손해배상 책임을 지도록 명문화했다. 김용균법의 시행을 앞두고 많은 기업이 긍정적 예방 조치를 실시했다 (5장 참조). 일단 이것만으로도 이 법이 의미가 있다고 본다.

중대재해처벌법이 시행되기 직전에 발생한 광주 아이파크 외벽 붕괴 사고를 살펴보자. 이 아파트의 시공사는 2021년 6월 광주 학동에서 일어난 건물 붕괴 사고의 시공자였던 바로 그 '아파트의 명가' 현대산업개발이었다. 건설산업기본법과 건설기술진흥법 등에 따르면, 5명 이상의 사망 사고가 발생하고 사고 원인 조사에서 고의나 과실로 부실 공사를 하여 '시설물의 구조상 주요 부분에 중대한 손괴를 일으켜 공중公衆의 위험을 발생하게 한 경우'인 현대산업개발에 대해 등록 말소, 최장 1년까지 영업정지 등의 조치가 내려질 수 있다. 또 안전보건관리책임자 등 개인에 대해서는 최대 10년 이하의 징역형이나 1억 원 이하의 벌금형이 내려질 수 있다.

그런데 실무상 등록 말소와 영업정지는 회사 경영에 지장을 준다는 이유로 드물게 내려지고, 대부분은 과징금 부과로 처리되었다(단, 노형욱 국토교통부 장관은 광주에서 연속으로 대형 사고를 일으킨 현대산업개발에 대해서는 법이 규정한 가장 큰 제재를 부과하겠다고 말했다). 처벌되는 개인도 원도급사가 아니라 하도급 업체 관리자나 재하도급 업체 대표 등인 경우가 대부분이었다. 이러한 점에서도 중대재해처벌법의 필요성은 분명하다.

그런데 윤석열 후보는 2021년 12월 안양시 도로포장 공사 과정에서 노동자 3명이 롤러에 끼어 사망한 현장을 찾아 "중대재해처벌법에 아쉬운 점이 있다고 보느냐"라고 묻는 기자의 질문에 "운전자가 시동을 끄고 내리기만 했어도…… 작업을 원활하게 하려고 센서를 껐다가 다치면 **본인이 (과실로) 다친 것**"이라고 말했다. 노동 현실은 외면한 채 노동자의 과실만 부각한 것이다.[11] 그리고 윤 후보는 충남 기업인과의 만남 자리에서 "중대재해처벌법은 **기업인들의 경영 의지를 위축시키는 법**"이라고 발언했다. 게다가 윤 후보는 2022년 1월 14일 경남 창원 봉암 공단회관에서 열린 '봉암 공단 기업 협의회 간담회'에 참석하여 중대재해처벌법을 거론하면서, "해외의 국내 투자가 어렵다고 한다면 국민·산업계 의견을 들어 (개정 등을) 검토할 수 있는 문제"라며 "일단 시행령 등으로 중대 산업재해·사고 발생은 철저히 예방하되 투자 의욕이 줄어들지 않도록 해야 한다"라고 말했다. 2022년 1월 11일 광주 아이파크 아파트 외벽이 붕괴하여 노동자가 사망하는 대형 사고가 난 지 며칠 되지도 않았는데, 이런 발언을 한 것이다. 산업재해를 철저히 친기업 관점에서 바라보고 있음을 보여준다.

트위터 계정 '오늘 일하다 죽은 노동자들(@laborhell_korea)'에 매일매일 올라오는 소식을 보면, 누구라도 고통스러울 것이다.

2022년 1월 22일 계정 운영자 이현 씨는 이런 글을 올렸다.

> (노동자가 죽지 않게 하는 비용>노동자가 죽은 후 치러야 하는 대가) 죽은 후 벌금 몇 푼 내는 것이 훨씬 싸기 때문이죠. 저 부등호의 방향이 바뀌지 않는다면 노동자는 계속 죽습니다.

산업안전보건법과 중대재해처벌법에 대하여 불만을 표하는 정치인이나 기업인은 이 '부등호(>)'의 방향을 유지하고 싶어 할 뿐이다. 단시간에 부등호의 방향을 뒤집지는 못하더라도 부등호 대신 '등호(=)'로 바꾸는 노력은 계속되어야 한다. '아파트의 명가'를 내세우면서 대형 사고를 일으키는 기업은 '폐가廢家'가 되어야 한다.

3장 주택 및 지대 개혁

국가는 자기 소유의 집 외에도 다양한 주거 형태를 공급하여
시민의 주거비 부담을 덜어주어야 한다.
이럴 때 시민은 자신의 재정 상황과 설계에 따라
여러 선택지 중 하나를 택할 수 있다.
주택정책의 초점은 중산층과 서민에게
안정적 주거를 제공하는 데 맞추어져야 한다.

3장부터는 재조산하를 완성하는 데 필요한 과제를 하나씩 살펴보기로 한다. 문재인 정부의 실책으로 가장 많이 비판받는 것이 부동산 정책이다. '자기 소유의 집(주택의 부속 토지 포함)'을 가지려는 시민의 꿈은 소중하며 존중되어야 한다. 주택 건설업이 주요 산업으로 발전되어야 함은 물론이다. 그런데 집값을 단지 시장에만 맡겨둘 수는 없다. 지대 개혁을 통하여 집이 투기 수단으로 사용되는 것은 막아야 한다. 동시에 국가는 자기 소유의 집 외에도 다양한 주거 형태를 공급하여 시민의 주거비 부담을 덜어주어야 한다. 이럴 때 시민은 자신의 재정 상황과 설계에 따라 여러 선택지 중 하나를 택할 수 있다. 주택정책의 초점은 **중산층과 서민에게 안정적 주거를 제공**하는 데 맞추어져야 한다.

1. 모두가 집 걱정 없는 나라

먼저 OECD 국가에서 우리와 달리 보통 시민이 크게 집 걱정을 하지 않는 나라를 살펴보기로 한다. 특히 '네덜란드·오스트리아 모델'과 '싱가포르 모델'을 중심으로 살펴보자.

고품질 장기 임대주택—네덜란드와 오스트리아 모델

2020년 OECD의 '합리적인 가격의 주택 데이터베이스 Affordable Housing Database'에 따르면 네덜란드는 총주택 대비 장기 임대형 공공 주택 비율이 34퍼센트로 1위다.[1] 네덜란드에서 장기 임대형 공공 주택은 '사회주택social housing'이라고 불리는데, 네덜란드는 '사회주택의 천국'이다. 네덜란드의 사회주택은 건물의 질은 물론 미학적 수준도 높은 것으로 유명하다. 20세기 초반 '암스테르담 학파'의 건축가들이 사회주택을 '사회적 예술'로 보고 '노동자를 위한 미학'을 구현하기 위해 적극적으로 참여했기 때문이다. 암스테르담을 방문한 사람들은 특이한 디자인의 지붕을 가진 많은 사회주택을 보았을 것이다.

오스트리아의 수도 비엔나는 아름다운 도시로 유명하다. 비엔나는 2019년 컨설팅 그룹 '머서Mercer'가 발표한 〈도시별 삶의 질 순위 보고서〉에서 10년 연속 1위를 차지했다. 비엔나 도심 좋은 위치에는 멋진 디자인의 임대주택이 자리 잡고 있다. 오스트리아

네덜란드의 사회주택 ©Hit1912/shutterstock.com

비엔나 도심에 위치한 카를 마르크스 호프 ©BwagCC-BY-SA-4.0

는 총주택 대비 장기 임대형 공공 주택 비율이 24퍼센트다. 비엔나 시민의 60퍼센트가 임대주택에서 살고 있으며, 임대주택 주민에 대한 편견은 없다. 1차 세계대전 후 비엔나 시정을 지배한 사회민주당은 '부자 증세'를 통해 마련한 재원으로 이러한 임대주택을 꾸준히 건축하여 시민에게 공급했다.

비엔나 도심 한가운데 있는 '카를 마르크스 호프Karl Marx Hof'는 1927~1930년 동안 만들어진 공공 임대주택의 시초격인 건물이다. 건물 길이가 1,100m에 달하는 대형 건물로 총 1,382호의 아파트식 주거 공간, 유치원, 병원, 공동 세탁장 등을 갖추고 있다.

주택만 분양하는 '토지임대부형 자가 주택'—싱가포르 모델

싱가포르는 세계에서 집값이 가장 안정적인 나라로 알려져 있다. 토지를 99년 임대하는 조건으로 주택만 분양하는 토지임대부형 주택이 주된 주거 형태로 자리 잡고 있기 때문이다. 싱가포르 국민 80퍼센트가 이런 주택에서 살고 있다. 리콴유李光耀 초대 총리가 '주택개발청Housing & Development Board, HDB'을 설립하고 적극적 토지 수용을 추진하여 90퍼센트의 토지국유화를 달성한 것이 이 정책이 성공하게 된 기초다. 이 주택은 다양한 원색의 외관이 돋보이는 아파트먼트 스타일로 통상 '에이치디비 플랫HDB Flat'이라고 불린다.

한국의 소형 위주 장기 임대주택과 달리, 방 3개 이상 주택이

싱가포르 퍼블릭하우스 ©2006 mailer_diablo

전체의 91퍼센트에 이른다. 싱가포르는 방 4개를 서민과 중산층이 주거해야 하는 국민주택으로 보고 중점 공급하고 있다. 1995년부터는 고급형 콘도미니엄condominium을 공급하고, 1998년부터는 고령자를 위해 '무장애barrier free' 공간으로 설계된 스튜디오 아파트도 공급하고 있다.[2]

한국에서 '토지임대부형 주택'을 임대주택과 비슷한 것으로 잘못 보도하는 언론이 많다. 토지임대부형 주택은 '자가自家 주택'이다. 토지를 99년 임대받는다는 점에서 임대주택이지만, 임대기간이 99년이기에 거주자가 생존 기간을 걱정할 필요가 전혀 없다. 그리고 이 토지임대부형 자가 주택은 5년만 거주하면 시세 차익을 남기면서 매각할 수 있다. 그 이전에 매각하면 주택개발청이 분양가로 사들인다.

어디에 어떻게 지을 것인가?

현재 우리나라도 30년 이상 장기 공공 임대주택을 만들어 분양하고 있다. 그러나 이 주택들은 입지 조건이 좋지 않고 면적 종류가 제한적이다. 취약 계층용이라는 낙인도 찍혀 있다. 우리나라 주택 문제를 해결하려면 자기 소유의 집에 대한 수요를 충족시킴과 동시에 네덜란드·오스트리아 모델과 싱가포르 모델의 주택을 대량으로 공급해야 한다.

여야 대선 후보 모두 위 모델과 유사한 주택 공급을 약속했다. 예컨대 더불어민주당 이재명 후보가 주창했던 '임대형 기본 주택'은 역세권 등 좋은 입지에 건설 원가 수준의 저렴한 임대료로 30년 이상 살 수 있는 주택을 말하는데, 이는 네덜란드·오스트리아 모델이다.[3] 이 후보는 택지는 공공이 소유한 상태에서 임대해주고 주택을 분양하는 '건물 분양형 기본 주택'도 같이 제시했는데, 이는 싱가포르 모델이다.

국민의힘 윤석열 후보도 도시 복합 개발 등으로 수요가 있는 곳에 건설 임대를 중심으로 연평균 10만 호씩 매년 50만 호의 공공 임대주택을 공급하겠다고 밝혔고, 안철수 후보는 100만 호 토지임대부 주택 공급을 공약했다. 정의당 심상정 후보 역시 장기 임대주택 100만 호와 토지임대부·환매조건부 공공 주택 100만 호를 신규 공급하여 공공 주택이 전체 주택의 20퍼센트에 이르도록 하겠다고 공약했다.

사실 싱가포르 모델 토지임대부 주택 법안을 최초로 추진한 정치인은 국민의힘 대선 후보 경선에 나섰던 홍준표 의원이었다. 그는 2006년 토지임대부 주택 법안을 대표 발의했고, 2009년 다시 대표 발의하여 국회를 통과시킨 바 있다. 그는 이번 대선 경선 시기에는 서울 강북의 공영 재개발 구역에 토지임대부 방식을 적용해 분양가를 시세의 4분의 1 수준으로 낮추겠다고 공약했다. 더불어민주당도 이러한 홍 의원의 방안을 적극적으로 수용할 필요가 있다.

이재명 후보는 네덜란드·오스트리아 모델과 싱가포르 모델 공급이라는 두 축을 전제로 하면서도 주목할 만한 구상을 발표했다. 즉, (1) 소유 지분을 20~30년 동안 순차 적립해 가는 '지분적립형 주택' (2) 분양 전환 가격을 사전에 확정한 상태에서 10년 임대 후 애초 확정된 분양가로 분양하는 '누구나 집' (3) 나중에 이사갈 때 주택 가격 상승분을 공공과 공유하는 '이익공유형 주택' 등이다. 입주자의 선택권을 넓히기 위하여 다양한 형태의 공공 주택을 공급하겠다는 것이다.

국민의힘 윤석열 후보는 청년 무주택 가구가 분양가의 20퍼센트만 내고 분양받아 5년 이상 거주 후 국가에 매각해 차익의 70퍼센트를 가져갈 수 있는 '청년 원가 주택' 30만 호 공급, 청년과 신혼부부 등 주거 취약 계층을 위한 토지임대부 방식의 '역세권 첫 집 주택' 20만 호 공급을 공약했다. 이 중 역세권 첫 집 주택은 2016년 당시 박원순 서울시장이 제시한 '역세권 2030 청년 주택'의 복사판인 바,[4] 이 제도는 여야 합의로 쉽게 추진할 수 있을 것이다.

네덜란드·오스트리아 모델이건 싱가포르 모델이건 우리나라 어디에 건설할 것인가를 생각해야 한다. 도시 외곽 교통·문화·교육 시설이 부족한 곳에 건설하는 것은 이 정책의 실패를 예비하는 일이다. 반드시 도시 중심 지역 또는 외곽이라 하더라도 **교통·문화·교육 시설이 잘 갖춰진 지역**에 지어야 한다. 싱가포르처럼 평수도 다양하게 제공해야 한다. 네덜란드와 오스트리아처럼 건축예술가들의 참여를 통하여 단지별로 특별한 미관을 자랑할 수 있도록 만들면 금상첨화일 것이다.

수도권의 경우 공간 확보가 문제가 될 수 있다. 먼저 공공 택지 지구에는 공공 주택을 중심으로 공급한다는 원칙을 분명히 해야 한다. 그리고 저低활용 국공유지를 활용하는 것 외에, 지역 균형 발전 차원에서 반드시 추진해야 할 수도권 공공기관 2차 지방 이전(수도권의 346개 공공기관), 세종시로의 행정수도 이전, 사법기관 분산 배치 등을 실천하면 대규모 공간이 생긴다. 그리고 주한 미군이 떠날 용산 기지, 서울시 소유 전시 시설인 강남구 학여울역 부근 세텍SETEC, 은평구 혁신 파크, 서울시 안에 있을 이유가 없는 육군사관학교, 수원 공군 비행장 등의 공간도 생각해볼 수 있다.

양승조 충남지사는 육군사관학교의 논산 이전을 추진하고 있고, 더불어민주당 대선 경선 과정에서 정세균 전 총리는 육사의 논산 이전을 공약했다. 더불어민주당 대선 후보가 된 이재명 후보는 안동 이전을 공약했다. 또한 이재명 후보는 경인선을 지하화하고 서울 구로역 등 역사驛舍 부지에 기본 주택을 공급하겠다는 구상을 밝힌 바 있다. 정의당 심상정 후보는 국회의 세종 이전 시 서울 여의도 국회의사당 부지에 청년과 사회초년생을 위한 공공 임대주택을, 용산 철도정비창과 구로 차량 기지에는 청장년층 가구 대상 주택을, 용산 미군 기지 일대 땅 일부에는 다양한 세대와 계층이 함께 거주할 수 있는 주택을, 대법원과 대검찰청 부지에는 고령 가구 대상으로 유니버설(범용) 디자인을 적용한 2~3인 가구 중심의 공공 주택을, 김포공항을 인천국제공항으로 통합해 그 자리에 고품질 공공 주택을 조성하겠다고 공약했다.

만약 이 지역의 기관과 시설을 지방으로 이전한 후 공원이나 문화시설만 짓는다면, 인근 주민의 생활 여건을 대폭 상승시켜 그 지역 주택 가격만 크게 올리는 결과를 낳을 것이다. 따라서 이렇게 확보된 공간에 네덜란드·오스트리아 모델, 싱가포르 모델, 자기

소유의 집을 적정 비율로 섞어 공급해야 한다.

토지임대부형 자가 주택 설계에서 유념해야 할 것은 최초 분양자가 주택 가격 상승 덕을 보는 '로또 아파트'가 되지 않도록 환매 조건을 제대로 설정해야 한다는 점이다. 이명박 정부 시절 서울 서초구 우면동과 강남구 자곡동에 LH가 건설한 토지임대부형 아파트는 주변 시세의 4분의 1로 분양했으나, 이후 10여 년 만에 가격이 6~7배가 뛰었다. 이런 아파트를 분양 또는 매입한 사람이 분양 또는 매입 가격보다 일정 수준 이상으로 되파는 것을 막고, 정부가 다시 사들일 수 있는 환매 조건이 있어야 한다.

이상의 공약이 실현되려면 법이 필요하다. 현재 국회에는 공공 주택 특별법 개정안(이규민 의원안), 토지임대부 기본 주택 공급 촉진을 위한 특별법(박상혁 의원안), 토지분리형 분양 주택 공급 촉진을 위한 특별조치법(노웅래 의원안) 등 4개의 법안이 발의되어 있다. 국회가 2022년 하반기 정기국회에서 결단을 내려주길 바란다.

시민이 자력으로 돈을 벌어 강남 타워 팰리스에 입주하는 꿈을 위하여 노력하는 것은 정당하고, 이 꿈은 실현될 수도 있다. 그러나 국가가 먼저 해야 할 일은 고품질 장기 임대주택과 토지임대부형 자가 주택의 확대 건설이다. 이런 주택에 살게 되면 시민의 소득 축적이 훨씬 쉬워지고, 집값은 잡힐 수밖에 없다.

끝으로 강조하고 싶은 것은 4장에서 밝힐 **지방분권과 지방 균**

형 발전을 달성하여 주거 수요를 분산시키는 것이 수도권 집값을 잡는 근원적 해법이라는 점이다. 수도권에 집을 많이 짓더라도 수도권으로 진입하려는 수요가 더 늘어난다면 해결이 쉽지 않다. 이 점에서 도시계획학 박사 마강래 교수의 지적이 중요하다.

> 공급은 공급대로 지속해나가야 한다.…… 하지만 공급보다 더 중요한 것은 주택 수요를 관리하는 것이다. 수요를 억제하는 것보다 수요를 분산하는 것이 더욱 중요하다.…… 이를 위한 가장 강력한 수단은 **강력한 대도시권을 지방에 키우는 것**이다.…… 수도권으로의 흐름을 반대로 돌려야 집값도 잡을 수 있다.[5]

2. 지대 개혁에 답이 있다

'토지공개념 3법'의 부활

나는 12.12 쿠데타와 5.17 내란으로 유죄판결을 받은 노태우 전 대통령의 죄책을 절대 잊지 않지만, 노태우 정부의 정책 두 가지만큼은 인정한다. 즉, '북방외교'와 토지공개념 3법 도입이다. 토지공개념 3법은 택지 소유에 부담금을 부과하는 '토지초과이득세법', 개발이익 환수를 강화하는 '개발이익환수법 개정안', 유휴 토지에 가산세를 부과하는 '종합부동산세 개정안' 등 세

가지 법률이다.

이 중 토지초과이득세법은 1994년 헌법불합치 결정, 택지소유상한법은 1999년 위헌 결정을 받았다. 그리고 개발이익환수법은 자본주의 시장 원리를 부정하는 것이라는 공격을 계속 받았다. 그런데 많이 잊힌 것은 헌법재판소는 입법 기술적 이유로 위 결정을 내렸지 공동체의 이익을 위해 토지 소유를 제한하는 취지는 부정하지 않았다는 점이다. 헌법재판소는 다음을 분명히 했다.

> 개발제한구역의 지정으로 인한 개발 가능성의 소멸과 그에 따른 지가의 하락이나 지가 상승률의 상대적 감소는 토지 소유자가 감수해야 하는 사회적 제약의 범주에 속하는 것으로 보아야 한다. 자신의 토지를 장래에 건축이나 개발 목적으로 사용할 수 있으리라는 기대 가능성이나 신뢰 및 이에 따른 지가 상승의 기회는 원칙적으로 재산권의 보호 범위에 속하지 않는다. (헌재 1998. 12. 24. 89헌마214 등)

그럼에도 헌법재판소의 결정 이후 토지공개념은 힘을 잃었고 국회는 새로운 시도를 하지 않았다. 이를 기억하고 있던 문재인 대통령은 2018년 4월, 토지공개념 3법의 위헌 논란을 원천 봉쇄하기 위하여 대통령 발의 개헌안에 토지공개념을 명문화했다.[6] 즉, "국가는 토지의 공공성과 합리적 사용을 위하여 필요한 경우에만 법률로써 특별한 제한을 하거나 의무를 부과할 수 있다”(개헌안 제128조 제2항). 그러자 당시 자유한국당 장제원 대변인은 “사회주의 개헌” 운운하며 맹비난했다.

이낙연 전 더불어민주당 대표는 2021년 7월 택지소유상한법·개발이익환수법·종합부동산세법 등 소위 토지공개념 3법을 대표 발의했다.[7] 택지소유에 부담금을 부과하고(택지소유상한법 제정안), 개발이익 환수를 강화하며(개발이익환수법 개정안), 유휴 토지에 가산세를 부과하고(종합부동산세 개정안), 그 부담금과 세금을 균형 발전(50퍼센트)과 청년 주거 복지 사업 및 공공 임대주택 건설(50퍼센트)에 사용되도록 하는 것이 요체다. 그리고 토지공개념 3법으로 매물로 나오는 택지와 유휴 토지를 ‘토지 은행’이 매입·비축하여 현재 33.6퍼센트에 불과한 국공유지 비중을 높이겠다고 밝혔다. 이렇게 마련된 국공유지를 활용해 품질 높은 네덜란드·오스트리아 모델 공공 임대주택을 대폭 확충하고, 토지임대부 형태의 주택 공급도 함께 추진해 현재 7.4퍼센트인 공공 임대주택 비중을 OECD 평균인 20퍼센트까지 3배 정도 높이겠다는 구상이다.

이 전 대표가 더불어민주당 대선 후보 경선에서 떨어진 후 토지공개념 3법에 관한 관심이 사라진 것은 아쉽다. 이재명 후보의 대표 공약인 ‘국토보유세’ 신설에 밀린 탓이다. 두 공약은 서로 배치되지 않는다. 윤석열 후보와 국민의힘도 토지공개념 3법을 최초로 발의했던 노태우 정부의 문제의식을 수용하길 희망한다.

종합부동산세 폐지?

2021년 11월 14일 윤석열 후보는 부동산 시장의 안정화를 위해 1주택자의 경우 종부세를 면제하거나 종합부동산세(이하 '종부세')를 '재산세'에 통합하는 방안을 검토하겠다고 밝혔다. 종부세를 폐지하거나 무력화하겠다는 것이다. 노무현 대통령이 만든 종부세를 무력화했던 이명박 대통령의 길을 걷겠다는 것이다.

먼저 보수 야당과 언론은 "종부세 폭탄", "종부세 공습" 운운하지만, 종부세 대상자는 국민 중 최상위 2퍼센트 정도에 불과하며, 이 중 절반은 다주택자다. 즉, 2021년 주택분 종부세 고지 인원은 94만 7,000명, 고지 세액은 5조 7,000억 원으로 전 국민의 98퍼센트는 과세 대상이 아니며, 이 가운데 1가구 1주택자는 13만 9,000명으로 고지 세액은 0.2조 원에 불과했다. 주택분 종부세 고지 인원의 51.2퍼센트, 약 48만 5,000명인 2주택 이상 보유 다주택자가 전체 고지 세액의 47.4퍼센트인 2.7조 원을 부담한다. 그리고 2021년 주택분 종부세 5조 7,000억 원 중 40.4퍼센트는 개인이 아니라 법인이 낸다. 이는 기업 업무에 필요하지 않은 투기 목적의 법인 주택이 매우 많다는 점을 보여준다. 장기 보유 고령자에 대한 공제, 부부 공동 명의 1주택 특례 인정 등 종부세 부과

기준은 이미 완화된 상태다.

예컨대 2021년 기준 시가 20억 원 아파트의 종부세는 최대 125만 원이고, 시가 20억 원 아파트의 소유자가 현재 70세, 보유 기간 10년인 경우에는 최대 25만 원이다. 2022년 벽두부터 '멸공' 소동을 일으킨 후 사과한 정용진 부회장이 소유한 한국 스타벅스 커피 중 카페라테 가격이 5,100원 정도다. 주 5회 한 잔씩 마시는 것으로 계산하면 1년에 123만 원 정도 든다. 시가 20억 원 아파트를 소유한 사람이 이 정도 세금을 부담하지 못한다는 말인가. 2022년 1월 18일 미국과 영국 등 주요국 백만장자 단체인 '애국적인 백만장자들'과 '인류를 위한 백만장자들' 등에서 활동하는 102명은 코로나19 위기와 빈부격차 극복을 위해 부자에게 '누진적 부유세'를 부과할 것을 촉구했다. 이 정도는 아니라 하더라도 종부세 정도는 감수해야 하는 것 아닌가.

종부세는 최상위 2퍼센트만을 겨냥하는 부유세로 **부의 재분배에 기여**하는 세금이며, 다주택자 또는 투기 목적 주택을 보유하는 법인에게 **주택 처분을 압박**하는 세금이다. 이 세금은 이를 도입한 노무현 정부의 정책적 의도대로 작동하고 있을 뿐이다. 2008년 9월 이준구 서울대 경제학부 교수는 종부세를 폐지하려는 이명박 정부를 비판하면서, 종부세는 "주택 가격 안정이란 측면에서 볼 때 그 어떤 주택 관련 규제보다 더 효과적인 대책"이며, "조세 부담의 공평한 분배라는 측면에서도 다른 어떤 조세보다 뛰어나다"

라고 평가한 바 있다.

일각에서는 종부세 부담이 지방으로 확산하고 있다는 비판을 내놓았다. 이 역시 과장이다. 2021년 11월 기획재정부와 국토교통부에 따르면 세종시 거주민 1만 1,000명이 종부세 납세 고지서를 받았는데, 세종에서 1가구 1주택자 기준 종부세 부과 기준인 공시 가격 11억 원(시세 16억 원) 이상 주택은 겨우 82가구였다(세종시 전체 주택 13만 7,841가구의 0.06퍼센트). 그리고 이 82가구 외 세종 시민이 종부세를 내는 이유는 세종 이외 지역, 특히 고가 주택이 많은 수도권이나 인근 대전 지역에 아파트를 보유하고 있었기 때문이었다.

이 점에서 윤 후보의 주장은 국민 최상위 2퍼센트 또는 다주택 보유자의 이익에 정확히 부합한다. 그의 주장처럼 종부세가 폐지되거나 무력화된다면 집값은 다시 뛰고 자산 불평등은 심화될 수밖에 없다. 최상위 2퍼센트에 부과되는 종부세를 없애면, 줄어든 세수는 98퍼센트의 국민이 채워야 한다.

그리고 종부세가 재산세로 통합이 되어버리면 지역 불평등은 더욱 심화된다. '국세'인 종부세와 달리, 재산세는 '지방세'이므로 서울에서 걷은 재산세는 서울에만 쓸 수 있다. 종부세가 있어야 재정 자립도가 낮은 지역을 위해 국세를 쓸 수 있다. 현재 종부세의 약 75퍼센트가 비수도권에 교부되어 국토 균형 발전과 지방재정 확충에 사용되고 있다. 게다가 종부세와 재산세의 통합도 쉬운 일이 아니다. 재산세는 토지, 건물 같은 '물건'에 부과되지만, 종부세는 '보유자'에 부과되기 때문이다. 구재인 세무사는 다음과 같이 말하면서 종부세를 "세계가 부러워할 K-세금"이라고 평가했다.

> 종부세가 고가 주택과 다주택자에 과세가 집중되니 집 한 채 있는 국민들을 괴롭게 했던 과세 형평성이 크게 개선되어 어느새 '꽤 멋진 세금'이 되었다.…… 세금 전액이 눈먼 돈이 아니라 지방교부세로 각 지방자치단체에 골고루 나눠줘서 부족한 지방재정과 지역 균형 발전에 알차게 사용된다. 당신이 종부세를 내는가? 꽤 괜찮은 집을 가진 당신은 고향이나 소외된 지방에 기명 기부하는 거나 마찬가지니 자랑스럽지 아니한가. 이게 바로 노무현이 그린 종합부동산세다. 1주택자는 거의 중형차 자동차세 정도밖에 되지 않는 금액을 보유세로 내면 되고 다주택자 등 타인의 주거권을 침해하거나 투기 이익을 노린 비非실수요자들은 의도대로 '정밀폭격'을 때리는 찐 세금으로 제대로 되살아났다.[8]

국토보유세 신설시 유의점

국토보유세는 이재명 후보가 성남시장으로 2017년 더불어민주당 대선 경선에 뛰어들면서 최초로 도입을 주장했다. 이 후보의 언론 인터뷰를 종합하면, 국토보유세의 내용은 다음과 같다. 즉, (1) 고가의 부동산에 부과되는 종합부동산세와 달리, 국토보유세는 **모든 토지**를 과세 대상으로 한다.[9] 1주택자나 무주택자 등 땅과 토지가 적거나 없는 사람은 세금 부담이 적거나 없다. (2) '토지보유세'는 이 후보의 대표적 공약인 기본소득을 위한 재원을 마련하기 위한 방도다. 모든 토지를 과세 대상으로 하여 징수를 하되, 세수 **전액**을 **모든 국민**에게 기본소득으로 지급하는 것이다. 이 후보는 2021년 12월 연합뉴스TV 인터뷰에서 다음과 같이 말했다.

> '세稅'라는 이름이 붙으니 오해한다. 정확히 명명하면 **'토지이익배당'**이다. 선진국보다 토지 보유 부담이 5분의 1에 불과한데, 절반만 올려도 15조~20조 원이 더 생기고, 이걸 전 국민에게 기본소득으로 지급하면 95퍼센트는 내는 것보다 받는 게 더 많다.[10]

경기연구원에 따르면, 토지 공시 가격의 0.5퍼센트를 국토보유세로 물릴 경우를 가정한 결과 총 22조 3,726억 원이 걷히는데, 이는 2020년 부과된 종부세액(4조 2,687억 원)의 5배를 넘는다. 경기연구원은 이렇게 걷은 세금을 재원으로 삼아 1인당 연 25만 원 가량의 기본소득을 지급할 수 있다고 예상했다. 이 후보는 2018년 경기도지사 재임 당시 중앙정부가 전국적으로 국토보유세를 도입하기 어렵다면 지방정부가 지방세로 토지보유세를 신설하게 해줄 것을 제안하기도 했다.

2021년 더불어민주당 대선 경선에 나선 추미애 전 법무부 장관은 종부세를 없애고 국토보유세로 통합하겠다고 밝혔다. 모든 토지 소유자에게 국토보유세를 부과하고 세수 순증가분을 모든 국민에게 '**사회적 배당**'으로 배분하여 보편적 복지를 강화한다는 구상으로 이재명 후보의 제안과 대동소이하다.

국토보유세 신설 논의 이전에 반드시 짚고 넘어가야 할 점은 종부세를 폐지하느냐 여부다. 종부세를 폐지하지 않고 국토보유세를 신설하면 이중 부담이 되기 때문이다. 종부세를 폐지하고 국토보유세를 신설하려면 매우 복잡한 세정 구조 개혁이 필요하다. 이 과정에서 부동산 수요를 억제하는 종부세의 중요 기능이 사라져서는 안 된다. 우석진 명지대 경제학과 교수는 경고한다.

> 부동산 폭등 면에서 종부세는 수요를 억제해주는 순기능을 하고 있어 종부세는 큰 변화 없이 과세 기조를 유지하는 것이 필요하다. 종부세를 완화하면 2018년과 마찬가지로 시장에 잘못된 신호를 주게 된다.[11]

둘째, 현재의 토지 가치 평가 제도를 바꾸어야 한다. 현재 평가 제도는 아파트먼트 같은 집합 건물의 경우 토지 지분으로 토지 가치를 평가한다. 따라서 주택 가격이 수십억 원이더라도 토지 가치는 적다.

셋째, 국토보유세를 농민들이 보유하고 있는 농지나 과수원 등에도 부과할 것인가 하는 문제는 거론되지 못하고 있다. 현재는 0.07퍼센트 세율로 분리 과세되고 있어 부담이 적다. 그런데 국토보유세가 도입되면 세율이 급등하게 된다. 예외 조항을 만들 수 있겠지만, 그러면 공장 토지 등 다른 산업에 사용되는 토지와의 형평성 문제가 남는다.

넷째, 5장에서 살펴보겠지만 국토보유세로 확보한 재원을 전 국민에게 배당하는 기본소득으로 쓸 것인지, 아니면 서민 주거 개선, 건강보험 보장성 강화, '반값 등록금' 실현 등 다른 정책 집행에 쓸 것인지도 논의가 필요하다.

국토보유세 신설 논의는 초입 단계이기에 구체적 내용이 정해져 있지 않다. 2021년 11월 이재명 후보는 채널A의 〈나는 후보다〉 인터뷰에서, "90퍼센트 이상의 국민은 내는 것보다 (기본소득으로) 받는 게 많기 때문에 사실 (국토보유세는) 세금 정책이라기보다 **분배 정책**에 가깝다"라고 하면서도, **국민이 반대하면 국토보유세를 신설하지 않을 것**이라고 밝혔다. 이 세금은 '기본소득·사회적 배당'과 연결되어 있다. 향후 기본소득·사회적 배당에 대한 논의와 함께, 국토보유세 신설에 대한 논의도 더욱 치밀하고 구체적으로 이루어야 한다.

4장 지방 분권과 지역 균형

수도권 집중과 지방 소멸은 대한민국 전체의 생존 문제다.
4대 메가시티가 자리 잡는다면 수도권 집값도 자연스럽게 잡힐 것이다.
그리고 지방대학에 대한 인서울 대학의 우위도 약해질 것이다.
이 점에서 메가시티는 다목적용 '게임 체인저' 역할을 할 수 있다.

1. 4대 '메가시티' 구축—대한민국 '게임 체인저'

기존의 지역 균형 발전 정책이 한계에 달했다는 평가가 내려진 상황이 오자, 타개책으로 제시된 것이 '메가시티' 전략이다. 그 출발은 노무현 정부가 제시한 '초광역 경제권' 구상이었다. 전국을 수도권, 충청권, 호남권, 대경권, 동남권 등 5대 초광역 경제권으로 나누어 발전시킨다는 계획이었다. 그러나 이 전략은 이명박, 박근혜 정부 동안 지지부진해졌다.

문재인 정부가 들어서면서 부산·울산·경남 세 지방자치단체가 메가시티 추진을 선도하게 된다. 메가시티란 인구 1,000만 명 이상의 거대 도시를 뜻한다. 특별지자체를 만들어 부·울·경을 묶어 2040년 인구 1,000만 명의 거대 생활권으로 만든다는 구상이다. 공동 수행 7개 사무로 산업·경제, 교통·물류, 문화·관광, 재난·

문재인 대통령이 2021년 2월 25일 부산신항 다목적 부두에 위치한 해양대학교 실습선 선상에서 열린 '동남권 메가시티 구축 전략 보고'에서 발언하고 있다. (출처: 《연합뉴스》)

환경, 교육, 보건·복지, 먹거리 등을 결정했다. 부산·울산·경남이 치고 나가자, 대전·세종·충북·충남을 묶는 충청권 메가시티, 대구·경북 메가시티, 광주·전남 메가시티 등도 추진되고 있다. 메가시티 전략을 공론화하는 데 가장 중요한 역할을 한 김경수 전 경남지사는 2020년 12월 '대한민국 지역 대포럼'에 참석해 다음과 같이 말했다.

> 수도권 집중 문제는 이대로 가면 대한민국 전체가 생존할 수 있느냐의 문제다.…… 대한민국에서 새 판을 짜는 데 제일 중요한

것은 수도권과 비수도권의 불균형을 해소하는 것이고, 그런 차원에서 동남권 메가시티를 추진한다.

문재인 정부도 이 구상을 공식적으로 지지했다. 2021년 10월 14일 문재인 대통령 주재로 전국 17개 시·도지사가 참석한 가운데 '균형 발전 성과와 초광역 협력 지원 전략 보고' 행사가 개최되었고, 관계 부처 합동 '초광역 협력 지원 전략'이 발표되었다. 부산·울산·경남, 대구·경북, 광주·전남, 대전·세종·충북·충남 등 4개 초광역권에 대하여 국비 1,000억 원 이하 사회간접자본 사업 예비타당성조사 대상 면제 등 규제 완화, 재정 지원 확대, 광역 교통망 정비, 초광역 대학 육성 등의 지원을 하겠다는 구상이다. 이 자리에서 문 대통령은 다음과 같이 말했다.

> 수도권 일극一極 체제를 타파하려면 지금까지와는 차원이 다른 특단의 전략을 모색해야 한다. '초광역 협력'을 새로운 국가 균형 발전 전략으로 본격 추진하겠다. 초광역 협력이라는 새 모델이 확산되면 수도권 집중 추세를 반전시키고 골고루 잘사는 대한민국으로 나아갈 수 있다.

이와 함께 더불어민주당 대선 후보 경선 당시 이낙연 후보가 공약했고, 이재명 후보도 공약했던 지역 소재 기업과 지역으로 이전하는 기업에 대한 법인세 인하 정책이 실시되어야 한다. 이 정책은 '2021년도 개정세법 후속 시행규칙 개정안'에 따라 실시되고 있는 것인데,[1] 그 인하 폭을 크게 하겠다는 취지다. 2020년 10월 당시 이낙연 더불어민주당 대표는 부안군청에서 열린 민주당 전북 지역 현장 최고위원회의에서 "웬만한 호好 조건이 아니면 기업들이 수도권에서 멀리 가기를 싫어하는 경향이 있다. 수도권에서 얼마나 먼지에 비례해서 세금 부담을 차등하는 방안을 연구하고 있다"라고 밝힌 바 있다.

3장에서 말했지만, 4대 메가시티가 자리 잡는다면 수도권 집값도 자연스럽게 잡힐 것이다. 그리고 지방대학에 대한 인서울 대학의 우위도 약해질 것이다. 이 점에서 메가시티는 **다목적용 '게임 체인저game changer'** 역할을 할 수 있다.

이재명 후보는 2021년 7월 페이스북에 "김경수 지사께서 못다 이룬 동남권 메가시티, 제가 완성하겠다"라고 밝혔다. 김경수 지사는 '드루킹 사건'에 얽혀 징역 2년이 확정되어 감옥에 갇혀 있다. 가석방이나 사면 복권이 되더라도 정치 일선에 바로 복귀하기는 힘들 것이다. 윤석열 후보도 메가시티 구상에 반대하지 않고 있으니, 대통령으로 당선되면 광역단체장과 협의하여 임기 초기에 메가시티의 주춧돌과 기둥을 세운 대통령으로 남길 희망한다.

2. 지방대학의 혁신과 육성—'미국 캘리포니아 주립대학 모델' 도입

4대 메가시티를 만드는 데 반드시 포함되어야 할 것은 지방대학의 혁신과 육성이다. 그나마 거점 국립대학으로 불리는 10개의 국립대학은 사정이 낫지만 비非거점 국립대, 사립대, 전문대 등은 존폐 위기에 있다. 사립대의 경우는 재정 자립도가 매우 낮고 국가의 재정 지원 의존도가 매우 높다. 현재 대학 재정난을 해소하기 위하여 정부는 '대학혁신지원사업'의 명목으로 연 4,000억 원을 지원한다. 사립대 학생에게 제공되는 국가장학금 예산이 4조 원이다. 그런데도 족벌 운영에 따른 사학비리가 수시로 터져 나오는 등 사립대 운영의 투명성은 해결되지 못하고 있다.

학령인구의 감소도 지방대를 심각하게 위협하고 있다. 2021년 12월 이동규 동아대 교수가 '미래전망전문가포럼'에서 발표한 〈인구 변동을 둘러싼 주제를 통한 미래 전망〉에 따르면, 수도권으로의 인구 쏠림 현상으로 지방의 학령인구가 급감하면서 2042~2046년에는 현재 국내 대학 385곳 중 절반(49.4퍼센트)만 살아남고 나머지 195곳은 사라진다. 전체 17개 시도 중 대학 생존율이 75퍼센트 이상인 곳은 서울(81.5퍼센트)과 세종(75퍼센트)뿐이었고, 강원(43.5퍼센트), 대전(41.2퍼센트), 경북(37.1퍼센트), 부산(30.4퍼센트), 전북(30퍼센트) 등은 50퍼센트 아래다. 경남(21.7퍼센트), 울산(20퍼센트), 전남(19퍼센트) 등은 5곳 중 1곳만 살아남을 것으로 전망됐다.

메가시티가 추진되어 지방 인구가 유지되고 지방 경제가 활성화되어야 지방대학도 생존할 수 있다. 수도권에 전체 인구의 절반이 살고 있고 수도권 경제가 지방 경제를 압도하는 상황이 계속되면 지방대학의 육성 방안이 성공하기 힘들기 때문이다. 메가시티를 추진하면서 메가시티 안에 있는 거점 국립대학, 국공립대학 등도 재구성해야 한다. 궁극에는 하나의 국립대 산하 여러 캠퍼스 체제로 바뀌어야 한다. 2021년 12월, 조희연 서울시 교육감, 김종영 경희대 사회학과 교수 등 공동 제안자들은 거점 국립대학 10개교의 공동학위제를 실시하고,[2] 이 새로운 국립대 체제에 대한 재정적 지원을 확대할 것은 제안했다. 《서울대 10개 만들기》를 쓴 김종영 교수는 말한다.

> 한국 교육 문제는 지위 권력을 독점한 대학 생태계의 물리적 구조로 나타난다. 'SKY'라는 고속도로가 매우 좁다. '서울대'라는 고속도로를 늘리면 '교통 체증'과 같은 입시 지옥도 자연스럽게 해결된다. 독일과 미국은 주마다 자기들만의 '서울대'를 세웠다. 결과적으로 대학 병목이 없거나 약하다. 우리나라도 10곳의 거점 국립대가 골고루 분포해 있지만, 서울대를 제외한 나머지 거점 국립대 9곳은 서울대만큼 성장하지 못했다는 점이 독일, 미국 대

> 학과의 차이점이다. 이에 서울대를 제외한 9곳의 거점 국립대를 '서울대'만큼 키우면 우리나라 대학 병목 현상도 줄어들 것이다.[3]

나는 "전국에 10개의 서울대를 만들자"라는 이 제안에 동의한다.[4] 이 제안은 미국 캘리포니아주 대학 체제로부터 시사를 받은 것이다. 나는 이 체제 속 대학 중 캘리포니아대학교 버클리를 졸업했기에 그 구조를 잘 알고 있다.

캘리포니아주는 3단계의 대학 체제를 갖추고 있다. 즉, 가장 위는 UC University of California: 4년제 연구 중심 대학, 그 아래는 CSU California State University: 4년제 교육 중심 대학, 그 밑은 CCC California Community College: 2년제 전문대학 등 3단계다. UC는 학사, 석사, 박사 학위를 수여하고, CSU는 학사와 석사 학위를 수여하고, CCC는 4년제 대학 편입을 준비시킨다. CCC 학비는 사실상 무료에 가까운데, CCC 졸업생 중 상당수가 UC에 편입한다. UC버클리나 캘리포니아대학교 로스앤젤레스UCLA 등 UC 계열 주립대학은 미국 다른 주립대학에 비하여 확고한 우위를 차지하고 있다. 주내 사립 명문대인 스탠퍼드대학교나 서던캘리포니아대학교에도 전혀 밀리지 않는다.

한국의 10개 거점 국립대를 묶어 '한국형 UC 체제' 역할을 하고, 그 외 국공립대는 '한국형 CSU 체제' 안에 묶을 수 있을 것이다. 거점 국립대학이 서울대와 수도권 명문 사립대에 밀리지 않도록 인적, 물적 지원이 필요하다. 중앙정부와 광역자치단체의 협력

[캘리포니아주 대학 지도]

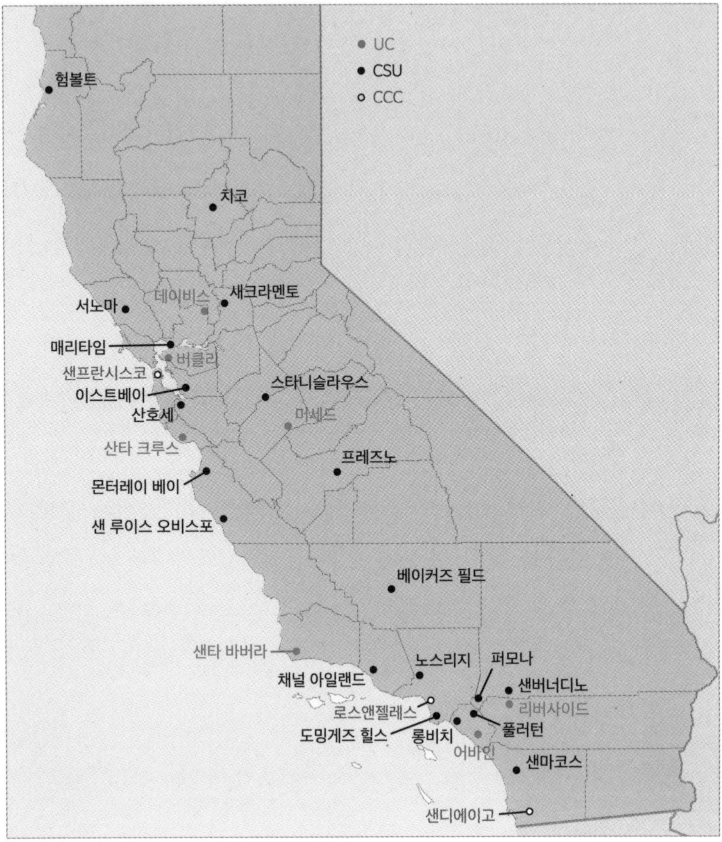

을 통하여 교육 및 연구 시설 지원, 학생 장학금 전폭 지원, 지역 소재 공기업 취업 인센티브 제공 등이 강화되어야 한다. 이렇게 해야 학벌 피라미드가 사립 명문대를 필두로 재구성되는 것을 막

을 수 있다. 여기서 거점 국립대학 각각이 모든 학과를 다 갖는 방식으로 가서는 안 된다. **지역별 산업의 특성에 맞춘 거점 국립대학의 특화와 집중 육성이 필요하다.** 이에 나는 두 사람의 의견에 동의한다. 먼저 김경수 전 경남지사는 말한다.

> 진주 혁신 도시에는 도시 건설 분야 최고의 공기업인 한국토지주택공사(이하 LH)가 있습니다. 진주에 있는 국립 경상대와 경남과기대는…… 건축과 토목, 스마트 시티, 도시 재생 분야를 LH와 함께 집중 육성하는 겁니다. LH가 수도권에서 '좋은 인재'를 찾을 것이 아니라, 지역 대학과 필요한 인재를 함께 키워야 해요. 필요한 R&D도 지역 대학과 함께 진행할 수 있어야 하죠. 그렇게 해서 진주 지역 대학이 전국 톱클래스가 되게 만들어야 한다는 겁니다.[5]

경제학자 정승일 박사의 견해는 다음과 같다.

> 나는 기존의 지방 국립대학들, 즉 경북대, 전남대, 충남대, 충북대 등을 서울대 급으로 키우는 것을 찬성한다. 물론 모든 학과, 모든 분야에서가 아니라 (즉 '종합백화점식' 대학이 아니라), 예컨대 충북대는 (바로 인근에 오송 생명공학단지가 있으니) 생명공학+생물학+의학·약학+그 관련 경영학+산업 경제학+인문학·사회과학 등의 분야에서만큼은 서울대 급으로 또는 아시아 최정상급으로

성장해야 한다고 주장한다.[6]

지방의 사립대·전문대는 더 심각하다. 문재인 정부의 대선 공약이었으나 무산된 '공영형 사립대' 정책을 재추진해야 한다. 즉, 재정 지원을 하되 학교법인 이사의 절반 이상을 '공익 이사'로 구성하고 국립대에 준하는 재정위원회를 설치하여 예산 수립과 산출 근거를 공개하도록 만들어야 한다. 이런 구조 개혁을 이루면서 공익 이사의 주도로 사립대의 특성화와 통폐합이 추진되어야 한다. '한국형 CSU 체제' 안에 편입될 수 있을 것이고, '한국형 CCC 체제'를 만들 수도 있을 것이다. 여기서 4대 메가시티가 중심이 되어 각각 대학혁신위원회를 구성하고 지역 실정에 맞는 변화를 이루어내는 것이 현실적이다.

3. 사법기관을 지방으로

국민의힘은 사법기관을 지방으로 이전하자는 제안을 하지 않았고 과거 '신행정수도' 건설에도 반대했기에 이 정책에 반대할 것이다.

반면 노무현 정부는 행정수도로서의 세종시를 건설하는 역사적 업적을 쌓았다. 대선 과정에서 더불어민주당에서는 사법기관을 지방으로 분산하거나 '사법수도'를 신설하자는 제안이 나왔다.

나는 여권 초선 의원 모임인 '처럼회'의 획기적 제안에 주목한다. 2021년 7월 더불어민주당 김남국, 김승원, 김용민, 문정복, 민병덕, 민형배, 윤영덕, 이수진, 장경태, 최혜영, 홍정민, 한준호, 황운하 의원과 최강욱 당시 열린민주당 대표는 검찰·사법 개혁의 정점을 찍는 방안으로 사법기관의 지방 분산 배치를 제안했다. 처럼회는 "사법 선진국 독일은 대법원과 헌법재판소가 수도에 있지 않고 전국에 분산, 사법 권력과 정치권력의 분리를 통해 실질적 권력분립을 이루고 있다"라며, "대법원을 대구로, 헌법재판소를 광주로, 대검찰청을 세종으로 이전"하겠다고 선언했다. 이는 공공기관 지방 이전의 효과를 가져옴과 동시에, 사법 권력을 정치권력으로부터 물리적·심리적 거리를 둘 수 있는 곳으로 떨어뜨려 놓아 정치적 중립성과 독립성 그리고 공정성을 확보하겠다는 구상이다.

대법원 재판은 법리 판단만 하므로 당사자의 출석이 필요 없다. 대검찰청은 검찰총장을 보좌하고 지검의 수사와 기소를 지휘하지 직접 수사를 담당하지 않는다. 헌법재판소는 하위 기관이 없는 단출한 기관이다. 따라서 세 기관이 서울에 있을 이유가 없다. 대법원 이전을 위해서는 법원조직법 개정이 필요하고, 헌법재판소 이전을 위해서는 헌법재판소법 개정이 필요하지만, 대검찰청 이전은 대통령령 개정으로 족하다.

한편 더불어민주당 대권 후보였던 김두관 의원은 헌법재판소, 대법원, 서울중앙지방법원 등을 지방 도시 한 곳에 이전하여 사법수도를 만들자는 제안을 하고, 법안을 제출했다. 이는 남아프리카공화국의 사례를 참조한 것인데, 남아공의 행정수도는 프리토리아Pretoria, 입법수도는 케이프타운Cape Town, 사법수도는 블룸폰테인Bloemfontein으로 나누어져 있다.

김 의원은 2021년 6월 28일 자신의 SNS에 "법조 카르텔의 지리적 기반"인 서울 서초동을 해체해야 한다고 주장했다. 그는 "검찰과 법원으로 이뤄진 법조 세력의 최상층부는 권위주의 정부 이후에 정치까지도 사법의 영역으로 포섭해 영향력을 발휘했다"라며 대법원 주변의 수많은 변호사, 법무사 등 관련 업계가 세력을 형성하면서 이들이 부동산, 교육, 소비 등 모든 면에서 '강남공화국'을 굳건히 떠받치고 있다고 보았다. 이런 맥락에서 그는 "법조 카르텔의 시스템, 즉 구조적인 해체도 필요하지만 거점의 해체와 재구성도 필요하다"라고 주장한 것이다. 비법률가 정치인의 날카로운 통찰이었다.

처럼회 안과 김두관 안 중 어느 것을 택할지는 국회 논의가 필요할 것이다. 나는 지역 균형의 관점에서 사법기관을 한 개 도시에 모으는 것보다는 분산하는 것이 타당하다고 보기에 처럼회 안에 동의한다. 이런 변화가 이루어지면 메가시티의 발전에도 큰 도움이 될 것이 분명하다.

4. 행정수도로서의 세종시

2004년 10월 21일 헌법재판소는 도무지 납득할 수 없는 '관습 헌법' 운운하면서 '신행정수도의 건설을 위한 특별조치법'을 위헌이라고 결정했다. 그러나 동법 제1조가 밝히고 있는 '목적'은 여전히 우리 시대가 추구해야 할 과제다. 즉, "국가 중추기능의 수도권 집중에 따른 부작용을 시정하고 세계화와 지방화가 동시에 진행되는 시대적 조류에 부응하기 위하여 신행정수도를 건설하는 방법 및 절차에 관하여 규정함으로써 국가의 균형 발전과 국가 경쟁력의 강화에 이바지함을 목적으로 한다."

대선 과정에서 이재명, 윤석열 두 후보 모두 세종시를 '행정수도'로 만들겠다는 뜻을 밝혔다. 이 후보는 "헌법 개정이나 특별법을 만든다든지 해서 충돌하지 말고 현재 상태로 필요한 국가기관들, 행정기관들을 필요한 범위 내에서 순차적으로 많이 이전" 하고, "처음에는 행정수도가 2개인 상태에서 비슷하게 운영하다가 비중이 점차 올라가면 서울은 일종의 경제수도, 다른 쪽은 행정기능이 집중된 행정수도의 역할을 하게 될 것"이라고 설명했다. 더불어민주당은 개헌 없이 '행정수도특별법(가칭)'을 제정하여 서울시는 '국가수도', 세종시는 행정수도의 법적 지위를 부여하려는 검토 작업을 하고 있다. 한편 국민의힘은 세종시가 행정수도로서의 기능을 할 수 있도록 투자와 기반 시설 확충을 하겠다고 공언했고, 특별법 제정에 대해서는 유보적인 태도를 취하고 있다.

당장 행정기관의 세종시 이전을 서둘러야 한다. 더불어민주당과 국민의힘이 모두 공약한 것이기에 현실화가 쉽다. 광화문과 과천에 있는 행정기관 중 서울에 있을 이유가 없는 부처, 각 행정 부처와 연관된 연구 기관 등부터 이전해야 한다. 미국에 비교하면 서울은 뉴욕이 되고, 세종은 워싱턴 D.C.가 되는 것이다. 그리고 세종시가 행정수도로서의 지위와 기능을 확실하게 하려면 법적 뒷받침이 있어야 함은 물론이다.

5장 노동 인권과 민생 복지 강화

기본소득, 신복지, 기본 자산 등의 구상과 계획을
상호 배제적으로 생각하지 말고,
현 단계 국민의 필요와 국가 재정을 고려하여
적정하게 절충·조합해야 한다. 그것이 정치의 역할이다.

1. '동일노동·동일임금' 원칙과 '사회연대임금제'

2021년 10월 통계청이 발표한 〈2021년 8월 경제활동 인구조사 근로 형태별 부가 조사〉에 따르면, 전체 임금 근로자 2,099만 2,000명 중 비정규직은 806만 6,000명으로 38.4퍼센트에 달한다. 2021년 6~8월 비정규직 근로자의 월평균 임금은 176만 9,000원이지만, 정규직 근로자는 333만 6,000원으로 156만 7,000원 차이가 난다. 즉, 비정규직 임금은 정규직 임금의 약 53퍼센트다.

파견, 용역, 도급, 사내 하청 등 여러 가지 형태로, 같은 기업과 공장에서 정규직과 동일한 종류의 일을 동일한 시간 동안 수행해도 정규직 임금의 절반만 받는 노동자의 숫자가 수백만에 달한다. 정규직 노동운동이 내세우는 슬로건과 별도로 기업별 노조가 이들의 이익을 포괄하여 움직이는 경우는 많지 않다. 그래서 2009년 나는 비정규직 노동자가 "내부 식민지 백성"[1]이 되었다고 한탄했다.

문재인 정부는 비정규직 문제의 심각성을 알고 출발했다. 실제 정부는 공공 부문 비정규직 19만 9,000명의 정규직 전환을 결정했고, 이 중 19만 2,000명이 전환을 완료했다. 그러나 앞에서 보았듯이 민간 영역에서 정규직 전환은 쉽지 않았다. 정부가 기업에게 비정규직의 정규직화를 유도할 수는 있지만, 근본적인 한계가 있다. 정부가 기업의 팔을 비틀어 정규직 전환을 이루는 것은 그 자체로 법적 문제를 일으킨다. 국회가 민간 영역에서 '비정규직 완전 철폐'를 입법화한다면 바로 위헌 결정이 날 것이다.

비정규직에게 정규직이 갖는 고용의 안정성을 주지 못하더라도, 최소한 노동에 대한 정당한 가치는 제공되어야 한다. 이것이 바로 '동일노동·동일임금' 원칙이다. 문재인 대통령 개헌안 제33조 제3항에 이 원칙을 명시했다.

> 국가는 동일한 가치의 노동에 대해서는 동일한 수준의 임금이 지급되도록 노력해야 한다.

정규직-비정규직 임금 차이 문제는 남녀 임금 차이 문제이기도 하다. 여성 노동자 중 다수가 비정규직으로 일하고 있기 때문이다. 남녀고용평등법은 이미 "사업주는 동일한 사업 내의 동일 가치 노동에 대하여는 동일한 임금을 지급하여야 한다"(제8조 제

1항)라고 동 원칙을 규정하고 있지만, 한국은 OECD 국가 중 성별 임금격차가 제일 큰 나라다. 7장에서 보겠지만, 2019년 서울시가 전국 최초로 22개 서울시 투자 출연 기관을 대상으로 '성평등 임금 공시제'를 실시했으나, 확산되지 못하고 있다.

동일노동·동일임금 원칙은 좌우 문제가 아니다. 예컨대 2017년 19대 대선 당시 유승민 바른정당 후보는 업종 및 기업 규모에 따라 '비정규직 고용총량제'를 도입해 비정규직 채용을 제한하고, 동일노동의 범주를 넓게 해석해 차별이 확인될 경우 '징벌적 배상'을 적용할 것을 공약했다. 2020년 10월 당시 국민의힘 김종인 비상대책위원장은 스웨덴식 노동 개혁 모델을 거론하면서, 같은 노동을 하는 정규직과 비정규직의 임금을 같게 해야 한다는 의견을 표명했다.[2]

대표적인 보수 우파 정부인 아베 신조 일본 정부가 비정규직 처우 개선을 위하여 마련한 2016년 동일노동·동일임금 지침도 우리에게 시사하는 점이 많다. 일본 노동자의 40퍼센트가 비정규직인데, 이들은 정규직의 60퍼센트 수준의 임금을 받고 있다. 일본 정부는 비정규직 임금 차별이 사회적 불평등, 인재 유출, 내수 침체 등의 원인이라고 판단하고, 비정규직 노동자의 기본급, 상여금, 수당, 복리 후생, 교육·훈련 등에서 정규직과의 비합리적인 격차를 줄일 것을 기업 측에 권고했고, 비정규직 임금 수준을 정규직의 80퍼센트 수준까지 끌어올린다는 목표를 설정했다.

그렇지만 우리나라에서 동일노동·동일임금 원칙은 여전히 구현되지 못하고 있다. 법적으로는 남녀고용평등법에 규정된 이 원칙이 성별 임금격차를 넘어 보편적으로 적용되도록 노동관계법에 포함해야 한다.

최고의 난관은 한국의 기업별 노동조합 체제하에서 이 원칙을 어떻게 구현할 것인가다. 한국 노동조합 조직률은 10퍼센트 정도이고, '산업별'이 아니라 '기업별'로 조직되어 활동하는 것이 대부분이다. 독일이나 프랑스처럼 산별노조 체제가 확립되어 노사 교섭으로 동일노동·동일임금 원칙이 합의되면, 대기업·중소기업, 정규직·비정규직 모두에게 혜택이 간다. 그러나 기업별 노조 체제에서는 쉽지 않다. 기업의 경우 비정규직을 직접 고용하지 않고 외주화된 기업에서 비정규직을 파견 형식으로 받아 일을 시키기 때문에, 노사 교섭에서 동일노동·동일임금 원칙이 채택되더라도 파견 노동자에게는 적용되지 않는다. 이런 상황에서 정규직과 비정규직의 연대와 단결은 생각보다 쉬운 일이 아니다. 여기서 기업의 벽을 넘는 노동조합의 실천이 중요해진다.

모범적인 사례가 있다. 케이블 설치 기사와 콜센터 상담원, 방송 스태프 등을 조합원으로 하는 지역 노조인 '희망연대노조'의 실천이다. 조합원은 정규직과 비정규직을 포괄한다. 정규직 조합원들이 비정규직 조합 설립을 지원했고, 비정규직 파업에 동참했다. '연대 임금'이란 이름으로 매년 정규직보다 비정규직 임금을 조금씩 더 올리며 임금격차를 줄여나가고 있다.[3] 그러나 이러한 실천은 대기업 정규직 노조와 대기업 현장에서 근무하는 파견 노동자 사이에서는 이루어지지 못하고 있다.

이러한 상황에서 비정규직 노동자에게 더 높은 임금을 준 경기도의 실험과 정세균 전 총리의 제안에 주목할 필요가 있다. 2009년 나는 '비정규직 완전 철폐', '전면적 정규직 전환' 등 진보 진영과 노동운동의 슬로건에 대하여 비판적 견해를 표명한 바 있다.[4] 좌파·진보 진영으로부터 '개량주의'라는 비판도 받았지만, 한국의 산업구조와 고용 현실에서 이러한 슬로건보다는 비정규직에게 임금을 더 주는 방안을 제도화하는 것이 현실적이고 시급한 과제라고 생각했다.

첫째, 이재명 후보는 경기도지사 시절 2021년 1월부터 비정규직 처우 개선 대책으로 '경기도 비정규직 공정 수당' 제도를 전국 최초로 시행했다. 이에 따라 경기도와 경기도 공공기관은 비정규직인 기간제 노동자에게 근무 기간 등 고용 불안정성에 비례한 '보상 수당'을 기본급의 최소 5퍼센트에서 최대 10퍼센트까지 차등 지급한다. 정의당 심상정 후보도 대동소이한 '비정규직 평등수당'을 공약으로 발표했다. 2020년 〈경기도 공공 부문 비정규직 고용 불안정성 보상 도입 방안 연구〉에 따르면, 프랑스와 스페인이 이러한 비정규직 수당을 지급하고 있다.

경기도가 시행하고 있는 1인당 지급 금액을 구체적으로 살펴보면, 2개월 이하 근무 기간제 노동자는 약 10퍼센트를 적용해 33만 7,000원, 4개월 이하는 약 9퍼센트를 적용해 70만 7,000원, 6개월 이하는 약 8퍼센트를 적용해 98만 8,000원을 보상 수당으로 받는다. 8개월 이하에게는 약 7퍼센트를 적용해 117만 9,000원, 10개월 이하는 약 6퍼센트를 적용해 128만 원, 12개월 근무 기간제 노동자에게는 약 5퍼센트를 적용해 129만 1,000원을 지급하게 된다. 이러한 제도가 안착하면 고용이 불안정한 노동자가 보수까지 덜 받는 불합리적 병폐는 줄어들 것이고, 비정규직 노동자의 생계 안정도 나아질 것이다.

둘째, 정세균 전 총리는 더불어민주당 대선 경선 과정에서 재벌 대기업, 금융 공기업의 대주주에 대한 배당과 임원·근로자 급여를 3년간 동결하고, 그 여력으로 불안한 여건에서 허덕이는 하청 중소기업들의 납품 단가 인상과 근로자 급여 인상을 추진하자는 획기적 제안을 했다. 특히 그는 정규직과 비정규직 간 불평등 완화를 위해 비정규직에 '120퍼센트 우대 임금'을 도입하겠다고 밝혔다. 비정규직에 '고용 불안정 수당'을 도입해 정규직보다 시간당 수당을 20퍼센트 높게 지급하는 것이다.

그리고 정 전 총리는 또 다른 중요한 제안을 한다. 즉, '사회연대임금제'다. 이는 스웨덴의 '렌-마이드너Rehn-Meidner 모델'[5]에 뿌리를 두고 있다. 스웨덴은 대기업 중심, 자동차, 철강, 조선 등 수출 주도 경제체제를 갖추고 있는데, 노조 조직률은 70~80퍼센트에 달하고 사회민주당이 강한 정치적 힘을 갖는 나라다. 사회연대임금제는 임금 인상을 억제하여 기업의 경쟁력을 강화하는 동시에 노동자 간 임금 편차를 줄여 노동자들의 연대감도 회복하려는 놀라운 기획이었다. 스웨덴에서는 수출 대기업 노동자와 내수 중소기업 노동자 사이의 임금격차가 컸다. 이를 해결하기 위해 채택된 방안이 전자의 임금을 깎아 후자의 임금을 보조하는 것이었다. 정 전 총리가 경선에서 물러난 후 이 제안이 전혀 관심을 끌지 못하고 있어 매우 아쉽다.

한국의 경우 2020년 금융노조가 1.8퍼센트 임금을 인상하면서 절반인 0.9퍼센트를 용역·파견 근로자 근로조건 개선, 취약 계층 지원에 사용한 예가 있다. 금융노조는 총액 임금 대비 1.8퍼센트인 임금 인상분 중 절반(0.9퍼센트)을 온누리상품권과 지역화폐로 조합원에게 지급해 소상공인 보호와 내수 활성화에 이바지했고, 나머지 절반은 용역·파견 노동자들의 노동조건 개선과 실업대책을 위한 근로복지진흥기금에 사용했다. 금융노조는 지난 10여 년간 비정규직 임금을 정규직 대비 2배 정도 올리는 '하후상박下厚上薄 임금 전략'을 산별 교섭에서 관철했고, 그 결과 금융업에 종사하는 비정규직과 정규직 간 임금격차는 70~80퍼센트 수준으로 격차가 줄었다.

2. 노동시간 단축—주 4.5일 노동제를 도입할 시간이다

2003년 근로기준법이 개정되면서 한국도 '주 40시간·주 5일 노동제'가 법제화되었다. 단, 당사자 합의에 따라 주 최대 12시간 '연장 근로'가 허용되고, '탄력적 근로시간제'에 합의하는 경우 주 40시간·주 5일 노동제의 원칙에 대한 예외가 허용된다. 지금은 당연히 받아들이고 있는 주 40시간·주 5일 노동제가 시행되기 전 경제계와 보수 언론은 이 제도를 실시하면 생산성이 저하하고 임금이 상승하여 경제가 어려워질 것이라고 강하게 반대했다. 그러나 그런 일은 발생하지 않았다.

2021년 8월 OECD가 발표한 통계에 따르면, 2020년 한국의 연간 평균 노동시간은 1,908시간으로, OECD 38개국 중 세 번째다. OECD 평균 노동시간은 1,687시간이다. 한국 노동자가 OECD 국가 평균보다 221시간 더 많이 일하고 있다. 연장 근무나 야근 수당을 받아 노동 소득을 올리기 위하여, 또는 제시간에 퇴근하기가 쉽지 않은 조직 문화 때문에 '연장 근로' 또는 '탄력적 근로'를 하게 된다. 1970년대 영미권에서 사용된 용어인 '워라밸work-life balance'이 근래 한국에서도 회자했지만, 현실은 아직 멀었다.

노동운동가들이 흘린 피와 땀의 결과 '하루 8시간 노동제'는 20세기 초 국제 노동 기준으로 자리 잡았다. 그러나 이는 최소 기준이다. 이후 OECD 나라에서는 노동시간을 더 줄이는 시도가 계속되고 있다. 대표적인 나라의 예를 보자.

먼저 독일은 1967년 주 40시간 노동제를 도입했는데, 1995년부터는 전 산업군에 걸쳐 '주 38.5시간 노동제'를 시행했다. 자동차, 기계, 철강 등 제조업 직군에서는 '주 35시간 노동제'를 시행하고 있다. 이에 더하여 초과 노동시간을 저축해서 휴가 등으로 활용할 수 있는 '근로시간 저축 계좌제'를 도입했다. 벤츠, 보쉬 등 독일의 대표적인 세계적 기업이 모여있는 독일 바덴뷔르템베르크주는 2018년부터 '주 28시간 노동제'를 도입했다. 이 주의 노동자들은 자신의 희망에 따라 최대 2년간 주 28시간만 근무할 수 있다.

프랑스는 2000년 '주 35시간·하루 7시간 노동제'를 통과시켰다. 연장 근로는 연간 총량 220시간으로 제한되며, 이를 초과하는 경우 직업별 단체협약 또는 근로감독관의 사전 승인이 있어야 한다. 2004년 프랑스 노동부는 이 제도를 시행함으로써 35만 개의 일자리가 새로 창출되었다고 발표했다.

스페인은 2021년 3월 200~400개 기업의 신청을 받아 임금 삭감 없이 주 4일 노동제를 시험 도입한다는 방침을 발표하고, 이후 3년간 실시하고 있다. 제도 도입으로 발생하는 기업의 비용은 정부가 첫해에는 100퍼센트, 2년 차에는 50퍼센트, 3년 차에는 33퍼센트를 보전해준다.

스웨덴 등 북유럽 국가의 기업들은 하루 6시간 노동제를 시행하고 있다. 예컨대 스웨덴의 디지털 미디어 제작 회사인 백그라운드AB, 애플리케이션 개발사인 필리문두스, 토요타 서비스 센터, 살그렌스카 대학 병원 등이 6시간 노동제를 시행 중이다. 아이슬란드는 2015년부터 2019년까지 4년간 유치원 교사, 회사원, 사회복지사, 병원 종사자 등 여러 직군을 대상으로 주 4일 노동제를 국가 차원에서 시범 운영하는 실험을 했다. 아이슬란드 전체 노동인구 중 1퍼센트가 이 실험에 참여했는데, 실험 종료 후 참가자 10명 중 8명이 근무 시간이 더 짧은 회사로 이직했다.

미국의 경우 1930년대 초 켈로그사의 소유주 켈로그W.K Kellogg와 사장 루이스 브라운Lewis J. Brown은 기존 8시간 3교대제 대신 6시간 4교대제를 도입했다. 그 결과 작업장 사고율이 50퍼센트 줄었고, 5년 뒤에는 40퍼센트에 달하는 인력이 추가 고용되었으며, 여가 확보로 인하여 노동자들의 삶의 질도 달라졌다. 그러나 켈로그가 경영에서 물러난 후 새 경영진은 1985년 8시간 노동제를 복구시켰다.[6]

사실 하루 6시간 노동제의 원조는 토머스 모어Thomas More다. 그는 명저 《유토피아》에서 지금 봐도 놀라운 비전을 제시했다.

> 유토피아 사람들은 하루 24시간 중 여섯 시간만 일에 할당합니다. 이들은 오전에 세 시간 일하고 점심을 먹습니다. 점심 식사를 한 후에는 두 시간 정도 휴식을 취하고 다시 나머지 세 시간 일을

하러 갑니다. 그 후에 식사를 하고 8시에 취침하여 여덟 시간을 잡니다.[7]

오랜 시간이 흐른 후 2021년 12월 미국 민주당 소속 마크 타카노Mark Takano 하원 의원은 13명의 민주당 의원과 함께 '주 32시간 근무법32 Hour Workweek Act'을 공동 발의한다. 1938년 시행된 공정근로기준법을 개정해 표준 근로시간을 현행 주 40시간에서 32시간으로 단축하고, 이 시간을 초과해 근무할 경우 시간당 근무 수당을 별도로 지급해야 한다는 것이 요지다. 타카노 의원은 자신의 홈페이지를 통해 다음과 같이 말했다.

나는 노동시간을 주 32시간으로 줄이기 위해 이 법안을 제출한다. 그 어느 때보다 사람들은 임금이 정체된 상태에서 더 긴 노동시간을 일해야 하기 때문이다. 우리는 이를 우리의 현실로 계속 받아들일 수 없다. 주 4일 노동을 실험해본 많은 나라와 기업은 이 제도가 압도적으로 성공적이라는 점을 확인했다. 생산성은 높아졌고 임금은 증가했다. 코로나19라는 세계적 유행병이 수백만 명의 미국인을 실업 상태 또는 일이 충분하지 않은 상태로 남겨놓은 후, 줄어든 주 노동시간은 더 많은 사람이 더 좋은 임금으로 노동시장에 참여할 수 있도록 만들 것이다.[8]

이러한 흐름 속에 아랍에미리트는 세계 최초로 2022년 1월 1일부터 주 4.5일 노동제를 도입했다. 이에 따라 아랍에미리트의 모든 정부 기관은 월요일부터 목요일까지 평일에는 오전 7시 30분부터 오후 3시 30분까지 8시간 근무하고, 금요일은 오전 7시 30분에 일을 시작해 정오에 마치게 된다.

한편 한국에서는 농부 철학자 윤구병 대표가 경영하는 '보리출판사'가 선도적으로 하루 6시간 노동제를 시행했다. 연장 근무를 너무 오래 허용하게 되면 6시간 근무제가 의미 없어지니, 연장 근무 시간을 월 18시간 이내로 제한했다. 노동시간은 줄었지만 월급은 줄이지 않았다. 보리출판사는 주 5일 노동제가 우리나라에 정식으로 도입되기 3년 전인 2001년부터 주 5일 노동제를 이미 실시했다. 노동시간을 단축해야 가족 관계와 사회 공동체가 개선되고 노동자의 건강과 삶의 질이 향상될 수 있다는 윤 대표의 철학이 구현된 것이다. 윤 대표는 말한다.

> 노동시간이 길어지면서 한 식구가 밥상머리에 모여 앉아 식사할 시간도 없어지고 가정생활이 깨졌다. 국가정책으로 6시간 노동제가 시행돼야 한다. 우리 사회가 소수 부자에게 부를 집중하는 일에만 관심이 있지, 고루 나누는 데에는 관심이 없기 때문에 노동시간이 길어지게 됐다.…… 청년 실업 문제 해결을 위해서도 노동시간을 줄여야 한다. 부모들 중엔 자식들 교육시키고, 먹고

살려고 하루 10시간 넘게 일하는 분들이 있지만, 그게 역설적으로 자녀들 일자리를 뺏는 결과로 나타났다.[9]

그리고 2021년 9월, 경기도가 출자한 '경기도 주식회사'는 노사 협의회를 열어 공공기관 최초로 주 35시간 노동제를 도입했다. 이석훈 경기도 주식회사 대표이사는 "코로나19에 선제적으로 대응하기 위해 주 35시간 근무제를 시작한 뒤 임직원의 삶의 질 개선 효과와 긍정적 매출 성과가 있었다"라고 밝혔다. 이재명 지사는 대선 후보가 된 후 2022년 1월, "일터에 오래 머무른다고 해서 생산성이 높은 것이 아니다"라고 말하며 주 4.5일 노동제를 공약했다.

대선 후보 중 주 4일 노동제 또는 주 4.5일 노동제를 공약을 내건 정치인이 여럿이다. 2021년 6월, 더불어민주당 예비 경선에 출마한 양승조 충남도지사는 "노동 효율성, 친환경, 일자리 창출이라는 1석 3조 효과가 있다"라며 주 4일 노동제를 선도적으로 공약했다. 8월에는 김재연 진보당 상임 대표가 대선 출마를 선언하며 "전 세계 최상위권인 초장기 노동시간" 감축, "일자리 증가와 취업 기회 확대, 경력 단절 감소" 등을 위하여 임금 삭감 없는 주 4일 노동제가 필요하다고 공약했다. 9월에는 김재연 대표와 같은 취지에서 심상정 정의당 의원이 1호 공약으로 주 4일 노동제를 내세웠다.

2022년 1월에는 대기업인 CJ에서 큰 변화를 시작했다. CJ ENM 엔터테인먼트 부문은 2022년 매주 금요일 오후를 사무 공간 밖에서 자율적으로 외부 활동을 하는 ‘비아이 플러스Break for Invention Plus’를 시행한다. 이에 따라 직원들은 주 4.5일(36시간)만 사무실에서 근무하게 된다. 매주 금요일 4시간의 오전 업무가 종료되면 별도의 신청 없이 일괄적으로 업무용 PC가 종료된다.

많은 반대와 우려에도 불구하고 ‘주 40시간·주 5일 노동제’는 안착되었다. ‘놀토쉬는 토요일’는 사회 전체에서 당연한 것으로 받아들여졌다. 위에서 소개한 주 35시간 노동제, 주 4.5일 노동제, 하루 6시간 노동제 등 새로운 구상이 실현되면 일자리가 줄고 있는 상황에서 노동시간을 감축시켜 고용 증대를 일으키고, 노동자의 삶의 질을 높이는 효과를 가져올 것이다. 다만 대기업 노동자만 혜택을 누리고, 중소기업 노동자는 그렇지 못할 것이라는 우려가 있다. 노동시간 단축이 임금 삭감으로 이어질 수 있다는 염려도 있을 것이다.

그렇지만 세계적 흐름은 분명하다. 제도적 변화의 중간점을 설정하고 한 단계씩 나아가는 방식을 취하면 된다. 여력이 있는 대기업부터 아랍에미리트나 CJ의 선택을 따르는 흐름이 잡히길 희망한다. 대기업 노동자가 금요일 오후에 자유 시간을 얻게 되면, 그 시간을 소요하는 시장이 성장할 것이다. 그 흐름은 차츰차츰 중소기업에도 확산될 것이다.

3. 플랫폼 종사자를 보호해야 한다—'플랫폼 종사자 보호 4법'과 '안전 배달료'

정보통신기술의 발달과 코로나19 위기 발발을 배경으로 우리나라는 물론 세계 각국의 고용구조와 근로 형태에 큰 변화가 일어났다. 이 중 '플랫폼 종사자'의 권리가 중요하게 부각되고 있다. 플랫폼 종사자란 스마트폰 애플리케이션이나 SNS 등 디지털 플랫폼을 매개로 노동이 거래되는 고용 형태('플랫폼 노동')에 종사하는 노동자를 뜻한다. 쉽게 말하면, 일상생활에서 수시로 접하는 배달 기사('라이더'), 대리운전 기사 등을 생각하면 된다. 통상 '배달의 민족'이나 '요기요' 등을 떠올리지만, 지역의 중소 배달업체에서 근무하는 사람들도 많다.

2020년 12월 한국노동연구원의 추산에 따르면, 플랫폼 종사자는 약 179만 명으로 취업자의 7.4퍼센트에 달한다. 그러나 이들은 불공정한 계약 관행과 불안한 사회안전망 속에 방치되어 있다. '라이더유니온'은 말한다.

> 쿠팡과 배민 같은 대형 플랫폼 업체들은 기본 배달료를 2,500원, 3,000원으로 묶어 놓고 실시간으로 배달료를 바꾸고 있습니다. 구를 3~4개로 쪼개고, 라이더마다 프로모션을 달리 줘서 같은 동네를 배달해도 시간 따라 사람 따라 배달료가 다릅니다.……

반면, 지역의 동네 배달 업체에서 일하는 라이더들은 10년째 배달료가 오르지 않고 있습니다. 누구나 배달 업체를 차릴 수 있어, 난립한 배달 업체 간 저가 영업 경쟁이 벌어지고 있습니다. 라이더들은 한 건당 2,500원짜리 배달로는 생계비를 벌 수 없어 배달통에 5개~6개의 주문을 싣고 도로를 달립니다. 그런데도, 유상운송 보험료는 1년에 500만 원에서 800만 원에 이르고 오토바이 수리 센터의 수리비는 제각각입니다.

일부 동네 배달 업체 사장님들은 보험도 들지 않은 무판 오토바이로 일을 시키기도 하고, 산재보험 가입을 거부하는가 하면, 사장이 내야 할 산재비까지 라이더에게 부담시킵니다. 라이더들은 일을 하는데 계약서조차 쓰지 않고 일을 하고 앱을 막으면 막히고, 보증금을 떼이면 떼여야 합니다.[10]

그리하여 문재인 정부는 '2022년 경제정책 방향'에서 '플랫폼 종사자 보호 4법'(이하 '플랫폼 4법')의 조속한 제·개정을 추진하겠다고 밝혔다. 즉, 플랫폼종사자보호법, 직업안정법, 근로복지기본법, 고용정책기본법 등 네 개의 법률이다. 요약하면 다음과 같다.

첫째, 플랫폼종사자보호법은 계약 공정성 확보 및 종사자 기본적 권익 보호를 위한 제정 법률로 노무 계약 체결과 수수료 등이 명시된 서면 계약서를 제공할 의무와 이를 준수하지 않을 경우 과태료(500만 원 이하)를 부과토록 했다. 노무의 배정·보수 등 수수료에 영향을 미치는 사항은 종사자에게 정보를 제공하고 협의하도록 했고, 정부가 표준 근로 계약서를 보급하도록 했다. 종사자에 대한 폭언·폭행·성희롱 등 '괴롭힘'을 금지한 조항도 들어 있다.

둘째, 직업안정법 개정안은 플랫폼 사업자에 노무 관련 정보(운영 수단, 서비스 내용, 노무 중개 대가의 수준 등)를 정부에 신고하도록 의무를 부과하고(위반시 300만 원 이하 과태료 부과), 노무 제공자 등에 노무의 내용·이행 조건, 노무의 대가·수수료 등을 사전 통지토록 규정하고 있다.

셋째, 근로복지기본법 개정안은 플랫폼 종사자 대상으로 한 국가·지자체 근로 복지 사업 지원 근거를 마련했다. 즉, 국가나 지방자치단체가 플랫폼 종사자를 대상으로 휴게 시설의 설치·운영, 심리 안정·개인 고충 해결, 건강 증진과 관련된 의료 사업, 주택 구매 자금 보조 등 근로 복지 사업을 벌일 수 있는 법률상 근거를 마련한 것이다.

넷째, 고용정책기본법 개정안은 새로운 고용 형태에 대한 정보 수집·제공, 직업 능력 개발, 종사자의 고용 안정을 위한 조치 등을 국가의 의무로 규정한다. 이는 플랫폼 종사자를 공식적인 고용정책의 틀 안에 포함한다는 선언이다.

그런데 노동계는 이러한 플랫폼 4법에 반대한다. 즉, 플랫폼 4법만 제·개정되면 플랫폼 종사자들이 근로기준법, 노동조합법, 노동쟁의조정법 등의 권리 보호를 받지 못하게 되므로, 플랫폼 종사자에게만 적용되는 별도의 특별법을 제·개정할 것이 아니라 근로기준법 등 기존 노동법을 적용해야 한다는 것이다.

노동 인권의 보호 측면에서 이러한 반대는 일리가 있다. 플랫폼 종사자 중 형식은 자영업자이지만 실질은 노동자인 경우가 많기 때문이다. 그런데 플랫폼 종사자들의 고용 형태는 매우 다양하고 과학기술 발전에 따라 계속 변화하고 있다. 플랫폼 생태계에서 작동하고 있는 실제 노동 형식을 보면 이들은 노동자, 특고, 자영업자 등 다양한 형태로 존재하고 있다.

이 점에서 일단 플랫폼 4법을 통하여 플랫폼 종사자의 지위와 권익을 보장·보호하는 것이 실용적이다. 이러한 보호 체계가 없으면 이들은 민법이나 공정거래법 정도의 낮은 보호만 받을 수 있을 뿐이다. 플랫폼 4법 체계 속에 노동기본권에 준하는 보호 규정을 넣어서 플랫폼 4법을 작동시키고 이후 플랫폼 생태계의 변화에 따라 새로운 제도 개선을 추구할 것을 권하고 싶다.

이에 더하여 나는 플랫폼 4법에 안전 배달료 관련 조항이 추가되길 희망한다. 한 건 당 수수료를 받는 라이더의 업무로 인하여 속도 경쟁이 격화되고, 사고도 증가하고 있다. 라이더유니온은 근로기준법상 최저임금과 유사한 안전 배달료 도입을 요구하고 있다. 플랫폼 기업, 음식점주, 정부, 라이더 등 이해 당사자들이 합의 기구를 만들어 최저 배달료를 매년 정하자는 것으로, 심상정 정의당 의원이 법안을 발의한 바 있다.

화물차주의 과속·과적 운행을 방지하고 최저임금을 보장하기 위하여 2020~2022년 '3년 일몰제日沒制'로 수출입 컨테이너 및 시멘트 품목의 운송에 한하여 '안전 운임제'가 도입된 바 있다. 공익대표위원과 화주·운수사업자·화물차주 대표위원들로 구성된 안전운임위원회에서 안전 운임을 정하고, 이보다 낮은 운임을 지급하는 경우 화주에게 과태료를 부과한다. 이 제도를 라이더의 배달료에도 도입하지 못할 이유가 없다.

4. 산업재해 예방—'위험작업 거부권'과 '작업중지권'의 확대

2장에서 본 것처럼, 중대재해처벌법은 2022년 1월 27일부터 시행되었다(상시근로자가 50인 미만이거나 공사 금액이 50억 원 미만이면 3년 뒤인 2024년 1월 27일부터 법이 적용된다). 중대재해처벌법 적용 1호 기업은 삼표산업이 되었다. 고용노동부가 2022년 1월 29일 경기도 양주시 소재 삼표산업 양주 사업소에서 발생한 노동자 매몰 사망 사고를 '중대재해처벌법 1호' 적용 사고로 판단하고 수사에 착수했다.

중대재해처벌법 시행을 앞두고 고용노동부는 중대 재해 발생 등 산재 예방 조치 의무를 소홀히 한 사업장 1,243개소의 명단을 공개했다. 명단에 포함된 곳은 중대 재해 발생 등으로 산업안전감독관이 수사·송치해 법원에서 형이 확정된 사업장, 산재 은폐 또는 미보고로 과태료가 부과된 사업장, 중대 산업 사고 발생 사업장 등이었는데, 절반 이상이 건설업이었다.

중대재해처벌법 시행을 앞두고 여러 기업은 대응을 마련하여 시행했다. 예컨대 현대건설은 안전 관리 우수 협력사에 포상 물량을 총 5,000억 원 규모로 확대하는 '안전 보건 인센티브 5,000억 원' 제도를 실시했다. 삼성물산 건설 부문도 2021년 우수 제보자 포상, 위험 발굴 마일리지 적립 등 6개월간 1,500명, 약 1억 6,600만 원의 인센티브를 지급했고, 공사에 차질이 빚어지면 협력사의 손실을 보전해주는 제도를 운용 중이다. 포스코건설은 2021년부터 '무재해 달성 인센티브 제도'를 도입했는데, 상반기 중에 전사에 중대 재해가 발생하지 않은 경우 직원들에게 50만 원을 지급하며, 하반기에도 중대 재해가 발생하지 않으면 추가로 100만 원을 지급한다. 이러한 긍정적 변화는 중대재해처벌법의 덕분이다.

한편 주요 기업들과 일부 건설사들은 대표이사인 CEO의 책임을 면하기 위해 앞다투어 '최고안전보건책임자Chief Safety Officer, CSO'라는 자리를 만들었다. CSO는 대표이사에 준하는 안전 보건에 관한 조직과 인력, 예산을 총괄하고 권한과 책임을 갖는다. 예컨대 현대건설, GS건설, 포스코건설, 대우건설, 롯데건설, 삼성물산 건설 부문, 한화건설 등은 안전 전담 조직을 확대하고 임원급

CSO를 선임했다. 호반건설은 안전 담당 대표이사를 신설했다. CEO가 처벌받지 않기 위해 '빨간 줄 임원'[11]을 선임한 속셈이 엿보이지만,[12] 이러한 조직 구도 속에는 중대 재해가 발생할 경우 CSO가 법적 책임을 지게 되므로 CSO는 산업재해 예방에 진력할 수밖에 없을 것이다.

중대재해처벌법 직전에 발생한 2021년 광주의 학동 철거 건물 붕괴와 화정 아이파크 붕괴 사고를 보자. 이 사고들 모두 '아파트의 명가' 현대산업개발이 원청 기업이었다. 현대산업개발은 중대재해처벌법의 적용을 받지 않지만, 후폭풍은 심각하다. 정몽규 현대산업개발 회장이 사퇴했고, 현대산업개발이 광주에서 진행 중인 5개 단지의 공사장도 모두 멈춰 섰다. 전국 65개 공사 현장도 정지됐다. 주가는 사고 발생 8거래일 연속 폭락했는데, 하락률이 40퍼센트였다.[13] 시총 7,000억 원이 증발했다.[14] 공사 계약 해지를 요구하는 사업장도 나타나고 있다. 현대산업개발의 건설업계 퇴출까지 예상되고 있다. 기업 이익의 관점에서도 기업들이 먼저 산업재해 예방에 나서야 함을 보여주는 실례다.

산업재해 예방을 위해 더 필요한 제도가 있다. 먼저 2017년 대선 시기 문재인 후보는 노동부 현행 근로감독관을 '노동 경찰'로 바꾸고 인원도 증원하겠다고 공약했다. 2022년 대선 시기 이재명 후보도 같은 공약을 했다. 근로감독관 제도는 1953년 시행되어 노동관계법령 위반 사안에 대하여 특별사법경찰관 역할을 하고

2022년 1월 26일 오후 광주 서구 화정 아이파크 붕괴 사고 현장에서 구조대원들이 무너진 슬래브 위 낭떠러지에서 잔해물을 제거하며 수색 작업을 하고 있다. (출처: 《연합뉴스》)

있다. 그런데 산적해 있는 신고 사건과 비교해 그 수는 턱없이 부족하다. 그리고 별도 직렬 없이 채용되다 보니 전문성이 떨어진다는 평을 받고 있다.

둘째, 노동자의 '작업중지권'을 확대해야 한다. 작업중지권은 산업안전보건법과 중대재해처벌법에 규정되어 있는데, 노동자가 산업재해 또는 중대 재해가 발생할 '급박한 위험이 있는 경우' 작업을 중지할 수 있는 권리다.

2021년 2월 포스코의 최정우 회장은 작업중지권을 적극적으로 알리고 사용되도록 할 것을 지시했고, 포스코건설은 노동자에게 '위험작업 거부권'을 부여했다. 이는 노동자가 현장에서 안전시설이 미비하거나 불안정한 상황이 발생해 작업을 진행할 수 없다고 판단될 경우 작업 중지를 요청할 수 있는 권한이다. 이 권리는 **협력사와 모든 현장 근로자를 포함**해 누구라도 현장의 안전 담당자에게 연락해 즉시 행사할 수 있으며, 이에 따른 불이익은 전혀 없다. 2021년 12월에는 서울시설공단이 산하 24개 사업장 근로자에게 위험작업 거부권을 전면 보장키로 했다고 발표했다. 서울시설공단은 서울어린이대공원, 지하도상가, 고척스카이돔, 청계천, 서울월드컵경기장, 공공자전거 따릉이 등을 운영하고 있다.

2021년 3월 삼성물산은 '작업 중지 권리 선포식'을 열고, 이를 확대해 **'급박한 위험'이 아니더라도** 근로자가 안전하지 않은 환경이나 상황이라고 판단할 경우 작업중지권을 적극적으로 사용할 수 있도록 보장했다. 2021년 8월 삼성물산은 작업중지권을 전면 보장한 이래 월평균 약 360건의 작업중지권이 행사됐다고 밝혔다. 국내외 84개 현장에서 총 2,175건의 작업중지권이 행사됐으며, 이 가운데 98퍼센트(2,127건)가 작업 중지 요구 후 30분 내 조처가 이뤄졌다.

이러한 흐름은 노동자의 주도권을 확대한 것으로 매우 긍정적이다. 정부는 다른 기업과 공공기관에도 확산되도록 독려해야 한다. 궁극적으로는 위험작업 거부권의 내용을 참조하여 산업안전보건법과 중대재해처벌법상 작업중지권을 보다 구체적으로 규정할 필요가 있다.

마지막으로 법 개정 문제가 있다. 중대재해처벌법은 5인 미만 사업장에는 아예 적용되지 않는다. 50인 미만 또는 공사 금액이 50억 원 미만 사업장에 대해서는 2024년 1월 27일부터 법이 적용되도록 유예되어 있다. 그런데 실제 산업재해는 5인 미만과 50인 미만 사업장에서 더 많이 일어나고 있다. 국회 환경노동위원회의 무소속 윤미향 의원이 2022년 1월 고용노동부에서 제출받은 자료에 따르면, 2020년 산업재해로 사망한 노동자의 80.7퍼센트는 50인 미만의 사업장에서 발생했다.

이러한 소규모 사업장의 안전 관리 역량을 높이려면 정부의 기술 및 재정 지원이 필요할 것이다. 2024년까지 이와 같은 정부 지원을 하면서, 50인 미만 사업장에 대해서는 2024년 법 적용에 대한 준비를 갖추도록 정부가 행정지도를 하고, 법 개정을 통해 2024년에는 5인 미만 사업장에도 적용되도록 할 필요가 있다.

김명희 '노동건강연대' 집행위원장(예방의학 전문의)은 다음과 같이 한탄했다.

> '사회지도층'이 1년에 800명씩, 고귀한 업무 중에 이토록 어처구니없게 목숨을 잃는다면 사회는 결코 용납하지 않을 것이다. 하지만 노동자 A 씨니까 괜찮다. 게다가 A 씨는 협력 업체, 하청 업체 노동자, 비정규직, 일용직이다.[15]

윤석열 후보의 대선 과정 발언으로 볼 때 윤석열 정부는 '친기업' 노선을 견지할 것으로 예상한다. 기업의 장기적 이익을 위해서도 산업재해는 사전에 강력히 막아야 하고 중대재해처벌법은 효과적으로 작동해야 함을 윤 후보가 인식하길 희망한다.

5. 기본소득, '기본 자산' 그리고 '신복지'의 결합

이재명 후보는 경기도지사 시절부터 기본소득의 도입을 주장했다. **부자, 빈자 가리지 않고 똑같이 소멸성 지역화폐로** 기본소득을 지급한다는 구상이다. 소멸성 지역화폐로 지급하는 것은 지역 내수를 활성화하기 위해서다. 재원은 재정 구조 개혁과 예산 우선순위 조정 등 외에 국토보유세 신설을 통하여 확보한다. 구체적 일정은 임기 개시 이듬해인 2023년부터 1인당 25만 원씩 1회 지급하는 것으로 시작하여, 임기 내에 최소 4회(연 1인당 100만 원) 이상으로 늘리겠다는 것이다. 그리고 9세부터 29세까지의 청년 약 700만 명에게는 보편적 기본소득 외에 연 100만 원을 지급한다(총 200만 원).

기본소득은 전 세계적 차원에서 거론되고 있다. 로봇과 AI 기술의 발전 등 4차 산업혁명으로 일자리가 줄어들자 노동 소득 비중이 하락하고, 소득 불평등이 심화됐다. 그에 따라 수요 부족이

구조화되어 저성장이 고착되고 있기 때문이다.[16]

김종인 박사는 국민의힘 총괄선대위원장을 맡았을 당시 국민의힘 대선 핵심 공약으로 '빈곤과의 전쟁', '김종인표 기본소득'을 내세우려 했다. 이재명 더불어민주당 후보의 오랜 소신이자 공약인 기본소득에 맞불을 놓기 위한 전략이었다. 김종인 안은 **기존의 현금 지원 제도를 통폐합하여 중위소득 50퍼센트 이하 계층**에 기본적 소득수준을 보장하겠다는 것이다. 2020년 국민의힘 전신 미래통합당은 이 정책을 시행하는 데 필요한 예산을 21조 원, 소득 지원 대상은 약 610만 명으로 추산했다. 김 위원장이 윤석열 캠프를 떠난 후 이 정책은 사라졌다.

이재명 후보의 기본소득이 '보편적 기본소득'이라면, 김종인 위원장의 기본소득은 '선별적 기본소득'이다. 보편적 기본소득에 대해서는 더불어민주당 안에서도 반론이 많았다. 그리하여 이재명 후보는 기본소득을 모든 국민을 대상으로 전면 시행하지는 않고, **'농어촌 기본소득'과 '청년 소득'을 먼저 시행하면서 단계적으로 도입**할 것이라고 밝혔다. 정치적으로 현명한 선택이다. 이재명 후보가 생각하는 농어민과 청년의 범위와 김종인 위원장이 생각하는 중위소득 50퍼센트 이하 계층은 교집합이 클 것이다. 보편적 기본소득이냐 선별적 기본소득이냐 하는 이론적·정치적 논쟁은 그만두고, 실현 가능한 대상부터 바로 실시하는 실용적 접근이 필요하다. 기본소득 지지자인 최배근 교수도 "특정 연령층에 먼저 도입할 수도 있고, 현금 대신 일부를 지역화폐 등을 도입하는 것도 열어 놓을 필요가 있다"라고 하여, 단계적 접근에 동의하고 있다.[17]

그리고 기본소득과 관련하여 제대로 논의되지 못하고 있는 쟁점이 있다. 기본소득을 모든 시민에게 제공할 경우, 국가가 제공하는 기존의 복지·공공 서비스가 줄어드는 것이 아닌가 하는 문제다. 이러한 보편적 기본소득의 경우 부의 재분배 효과도 낮다. 기본소득은 더불어민주당 경선 과정에서 이낙연 전 대표의 정책 기조인 '신복지(보편적 복지)' 노선과 긴장을 일으킨다. 신복지는 소득·의료·교육·주거·노동·돌봄·환경·문화·체육·안전 등 일상생활 전체에 걸쳐 삶의 질을 높이겠다는 구상이다.

이재명 후보가 기본소득을 단계적으로 시행하겠다고 수정했고, 이 전 대표의 신복지도 수용하겠다고 선언했기에 긴장의 강도는 떨어졌다. 이재명 후보와 이낙연 전 대표가 손을 잡은 후 이 후보 직속 '신복지위원회'는 국제적 수준의 사회보장 실현이라는 공약을 발표했다. 국제노동기구ILO가 제시한 '사회보장 최저기준에 관한 협약(102호 협약)'을 비준하여 사회보장을 국제기준에 맞추어 상향시키겠다는 것이다. 현재 의료 급여, 실업수당, 산재 급여, 출산 급여, 노령 급여 분야에서는 동 협약이 제시하는 최저 기준을 충족하고 있다. 아동 수당의 경우 현행 만 7세에서 15세까지 확대해 최저 기준을 충족시킨 후, 임기 내 18세까지 확대하겠다고 발표했다. 상병傷病수당도 먼저 50퍼센트에 적용한 뒤 점진적으로 범위를 넓히고, 국민연금의 유족·장애 연금도 상향을 추진하겠다고 밝혔다.

그렇지만 향후 기본소득의 범위와 신복지의 범위를 결정하는 과정에서 긴장이 재현될 것이다. 류덕현 중앙대 경제학과 교수의 의견을 경청할 필요가 있다.

> **기본소득 제도의 취지를 기존 복지 제도를 확충해 실현**할 수도 있다. 가령, 월 10만 원의 기본소득을 전 국민에게 지급한다면 소요되는 재원은 60조 원인데 이는 2021년 복지·보건·노동 부분 예산 199조 원의 30퍼센트 수준을 차지할 정도의 큰 규모다. 이와 비슷한 규모의 재원이 있다면 기존 복지 제도를 충분히 두텁게 하고 중산층 및 청년 세대에게 돌아갈 혜택을 크게 늘리는 방식으로 사용하는 것이 보다 효과적이다. 예를 들면, 저소득층에 대한 소득보장 확대에 15조 원, 전국민고용보험제도 도입에 15조 원 등을 투입할 경우 현행 복지 제도의 포용성은 크게 확대될 수 있다.[18]

한편 더불어민주당 대선 후보였던 김두관 의원의 '기본 자산' 제안이 잊혀 아쉽다. 김 의원은 신생아 때부터 1인당 3,000만 원의 기본 자산을 지급하고, 기본 자산 예금액에 대한 예금이자 금리는 연 4퍼센트 단일 금리를 적용하도록 하는 '기본 자산에 관한 법률'을 대표 발의했다. 방법은 다르지만 더불어민주당 이용우 의

원이 대표 발의한 '청년 기본 자산 지원에 관한 법률'도 같은 취지다. '청년 기본 자산' 기획의 내용은 출생 시점부터 청소년기까지 월 20만 원을 국가가 적립하고, 적립금 통합 기금 운용을 통해 성인(18세)이 되었을 때 약 6,000만 원의 기본 자산을 마련하며, 고등교육·주거·창업 등 용도에만 한정 지급하도록 한다는 것이다. 이러한 기본 자산 제도가 안착되면 청년들이 사회에 진출할 때 서게 되는 출발선이 상당 수준 같아질 것이고, 청년 빈곤이나 저출산 문제도 크게 해결될 수 있을 것이다.

요컨대 기본소득, 신복지, 기본 자산 등의 구상과 계획을 상호 배제적으로 생각하지 말고, 현 단계 국민의 필요와 국가 재정을 고려하여 적정하게 절충·조합해야 한다. 그것이 정치의 역할이다.

6장 경제민주화

헌법이 용인하는 자본주의는 재벌로 대표되는 경제 권력이
시장을 지배하고 경제력을 남용하는 것을 금지하는 자본주의다.
재벌, 중소기업, 영세 자영업자, 노동자 등
각 경제 주체가 시장에서 갖는 현저한 힘의 차이를 직시하고,
이를 보정하는 자본주의다.

헌법 제119조는 "시장의 지배와 경제력의 남용을 방지하며, 경제 주체 간의 조화를 통한 경제의 민주화를 위하여 경제에 관한 규제와 조정을 할 수 있다"라고 규정한다. 헌법은 자유경쟁의 이름 아래 시장 약자를 몰락시키는 경제 질서를 상정하지 않는다. 일찍이 영국 시인 윌리엄 블레이크William Blake는 "사자와 소를 위한 하나의 법은 억압이다"라고 갈파했다. 사자와 소를 한 울타리에 넣고 자유롭게 경쟁하라고 하는 것은 사자에게 소를 마음껏 잡아먹으라는 얘기와 같다. 여기서 칸막이를 만드는 국가의 역할이 중요하다.

송기춘 전북대 법학전문대학원 교수의 말처럼, 현재 한국에서 경제민주화를 말할 때는 "거대 기업집단(재벌)이 정부의 정책 결정에 막강한 영향력을 행사하고 있다는 사실, 즉 경제의 권력화라는 현상에 염두를 둬야 한다."[1] 헌법이 용인하는 자본주의는 재벌로 대표되는 경제 권력이 시장을 지배하고 경제력을 남용하는 것을 금지하는 자본주의다. 재벌, 중소기업, 영세 자영업자, 노동자 등 각 경제 주체가 시장에서 갖는 현저한 힘의 차이를 직시하고, 이를 보정補正하는 자본주의다.

경제민주화라는 단어가 대중화된 것은 2012년 대선이었다. 당시 문재인, 박근혜 후보 모두 이 공약을 내걸었다. 정치적 민주화 이후 시대정신이 무엇인지 양 진영 모두 감지했던 것이다. 그러나 박근혜 후보는 집권 후 바로 이 공약을 내팽개쳤다. 그에게 경제민주화는 표를 얻기 위한 허울 좋은 구호에 불과했다. 2013년 더불어민주당이 불공정한 '갑을' 관계 해소를 위해 당내 조직으로 발족한 '을지로위원회'는 경제민주화를 의제화하는 데 앞장섰다. 2017년 대선에서도 문재인 후보는 경제민주화를 공약을 내걸었고, 정부 출범 이후 이를 추진했으나 괄목할 만한 성과는 내지 못했다. 특히 지주회사의 부채비율 강화, 자회사·손자회사의 지분율 강화, 계열 공익법인·자사주·우회 출자 등을 악용한 대주주 일가의 지배력 강화 차단 등은 손도 대지 못했다. 이 과제는 다음 정부의 몫으로 넘겨졌다.

단, 경제민주화와 긴밀한 관계가 있는 '산업민주주의industrial democracy'에 중요한 진전이 있었음은 기억해야 한다. 2021년 1월 국회에서 '공공기관 운영에 관한 법률(공공기관운영법)' 개정안이 통과되어 공공기관에 '노동이사제'가 도입되었다. 이에 따라 공기업과 준정부기관 등 공공기관은 근로자 대표의 추천이나 근로자 과반수의 동의를 받은 비상임이사 1명을 이사회에 선임하게 된다.

노동이사제는 산업민주주의가 안착한 독일과 스웨덴 등 유럽의 많은 나라에서 운영하고 있는 제도다. 한국에서는 2016년 박원순 전 서울시장이 '서울시 근로자이사제 운영에 관한 조례'를 통하여 서울시 투자 출연 기관에 도입한 것이 처음이었는데, 이제 모든 공공기관으로 확장된 것이다. 이를 통해 공공기관의 경영 투명성이 높아지고, 주요 의사결정에 노동자의 뜻이 반영되고, 노사 갈등이 원활히 조정·중재될 것으로 예상하고 있다. 재계는 이 제도가 민간 기업에 확대되는 것을 강력히 반대하고 있다. 당장은 민간 기업 확대가 어려울 것으로 보이지만, 유럽의 경험을 보면 산업민주주의 확대가 기업에도 유리하다는 점을 확인할 수 있다.

지금부터는 문재인 정부가 추진했으나 마무리하지 못했던 경제민주화 과제 세 가지를 살펴보기로 한다.

1. 프랜차이즈 본사와 온라인 플랫폼 기업의 '갑질' 근절

코로나19 위기가 장기화하면서 프랜차이즈 가맹점주 대부분이 매출 감소의 고통 속에 있지만, 본사의 갑질은 여전하다. 2021년 10월 국민의힘 구자근 의원이 소상공인시장진흥공단에서 받은 〈2020년 소상공인 불공정 거래 피해 실태 조사〉에 따르면[2] 가맹점주의 77.1퍼센트는 2020년 코로나19 위기 발생과 '사회적 거리두기'로 인해 매출이 많이 감소했지만 본사의 각종 갑질은 계속되었다.

점주들이 겪은 불공정 사례(복수 응답)로는 '가맹점주에 대한 상품·용역의 공급 또는 영업의 지원 등을 부당하게 중단 및 구입 강제'가 27.4퍼센트로 가장 많았다. 이어 '매출액 등 정보를 사실과 다르게 부풀려 제공'(27.1퍼센트), '광고·판촉·이벤트 참여 강요 및 비용 부담 강요'(23.6퍼센트), '정보공개서 등 중요 서면을 미제공 또는 지연 제공'(21.5퍼센트), '가맹 본부의 과도한 감독 행위'(16.1퍼센트), '인테리어 업체 선정 강요, 작업 지연'(11.3퍼센트) 등의 순이었다. 불공정 행위 발생 시의 대응 방법으로는 48.5퍼센트가 '가맹 본부가 원하는 대로 할 수밖에 없다'라고 답하고 있었다.

가맹 본부 갑질의 구체적 예를 보자. 2021년 국내 치킨 프랜차이즈 2·3위 업체인 BHC와 BBQ는 단체 활동을 이유로 가맹점들과의 계약 갱신을 거절했다. 이 때문에 공정거래위원회로부터 과징금 처분을 받았다. 그러나 가맹점주들의 모임은 와해된 후였다. 햄버거 브랜드 '맘스터치'는 가맹점주들이 단체 행동을 하지 못하게 방해한 혐의로 공정위에 제소를 당했다. 2021년 11월 3일 MBC는 맘스터치 임원의 겁박을 보도했다.

이런 형식으로 가맹점주협의회를 만들어나가면 가만히 있을 수가 없어요. 가맹점주 정도로 남으세요. '가·손·공·언·점', 이게 뭔지 아세요? (가)맹계약해지를 합니다. 영업이 중단이 되겠지요. (손)배상 하실 수 있습니다. 2년 정도 소요되고요. (공)정거래위원회에 제소하면 2년 걸립니다. (언)론에 공개하시겠지요. 우리가 반박 기사 내면 됩니다. (점)주협의회 인정하지 않을 겁니다. ○○○, ○○○가 공정거래위원회에서 과징금 5억, 6억씩 맞았어요. 그러나 결국 점주협의회는 와해…… 이게 결론이에요.[3]

한편 2021년 12월, 중소기업·소상공인 단체는 '온라인 플랫폼 중개 거래의 공정화에 관한 법률안(이하 '온플법')'의 조속한 입법을 촉구했다. 그동안 플랫폼 입점 업체들은 수수료 부과 기준이 반영된 표준 계약서가 없고, 플랫폼 기업들이 부과하는 수수료와 광고비는 불합리하다며 불만을 토로해왔다.

온플법은 공정거래위원회가 발의한 것으로, 온라인 플랫폼 중개 사업자의 정의, 중개 거래 계약서 교부 의무, 불공정거래행위 금지, 사건 처리와 조치 절차 등을 규정하고 있다. 대상 기업은 오픈 마켓 8곳(이베이코리아, 11번가, 쿠팡, 인터파크, 위메프, 티몬, 네이버 스마트스토어, 카카오커머스), 숙박앱 2곳(야놀자, 여기어때), 배달앱 2곳(배달의민족, 요기요), 앱마켓 3곳(구글플레이, 애플앱스토어, 원스토어), 가격 비교 사이트 3곳(네이버쇼핑, 다나와, 에누리닷컴),

택시 1곳(카카오모빌리티) 등 19곳이다. 이 법안에서 빠져 있는 것은 소상공인·자영업자들의 단체 구성권과 교섭권 보장이다.

오프라인 분야에는 공정거래를 위한 법률이 다수 존재하지만, 온라인 플랫폼은 규제 사각지대에 놓여 있다. 이 법은 입점 중소상공인의 권익 보호를 위해 필수적이다. 유럽연합과 일본 등은 이미 온플법과 유사한 제도적 장치를 도입했다. 당정은 이 법안을 통과시키기로 합의했지만, 플랫폼 업체의 반대로 무산된 상태다. 새 정부가 들어서는 대로 이 법률은 조속히 통과되어야 한다.

2. 대기업 대상 중소기업협동조합의 '교섭권' 허용

중소기업은 대기업과의 관계에서 항상 '을'이다. 대기업의 기술 탈취나 하도급 갑질을 당하면서도 보복이 두려워 또는 법적 구제가 쉽지 않아 투쟁을 포기하고 감내하고 만다. 하청기업, 하도급 기업, 납품업체 등이 집단을 결성해서 대기업과 맞서면 일률적으로 공정거래법이 금지하는 '부당한 공동행위'(제19조) — 통상 '담합'이라고 불림 — 로 처벌을 받았다.

중소기업 보호를 위하여 2019년 8월 중소기업 간 협업과 공동 사업 활성화를 촉진하기 위한 중소기업협동조합법 개정안이 국회 본회의를 통과했다. 대중적으로는 덜 알려졌지만, 2020년부터 시행되는 개정 중소기업협동조합법은 중소기업이 조합·사업협동조합·협동조합연합회 등을 설립해 공동 사업을 진행할 경우, 예외적으로 공정거래법이 금지하는 공동행위로 보지 않는다는 조항을 신설했다(제11조의 2). 단, "가격 인상·생산량 조절 등 부당하게 경쟁을 제한해 소비자 이익을 침해한 경우"에는 이전과 같이 부당한 공동행위로 금지된다. 이제 중소기업에게는 '허용되는 공동행위'와 '금지된 공동행위'가 있다.

그렇지만 이러한 중소기업협동조합법 개정에도 대기업과 중소기업 사이의 하도급·위수탁 거래에서 중소기업 공동행위가 허용되는지는 불명확한 상태다. 오히려 '가격 인상·생산량 조절 등 부당하게 경쟁을 제한해 소비자 이익을 침해한 경우'에 해당하여 금지될 가능성이 높다. 공정거래법과 중소기업협동조합법 간의 긴장이 남아 있는 것이다.

이 점에서 2021년 6월 더불어민주당 우원식 의원이 발의한 중소기업협동조합법 개정안은 의미가 크다. 이 개정안은 하도급·위수탁 거래에 한정해 중소기업협동조합을 통한 중소기업 공동행위를 허용하고 있다. 이렇게 되면 중소기업은 중소기업협동조합을 활용해 대기업과 대등한 가격 협상을 할 수 있게 되고 납품 단가의 제값을 받을 수 있게 된다. 이재명 후보도 2021년 6월 이 개정안에 대하여 적극적으로 찬성한다는 뜻을 페이스북에 밝혔다.

기업체 수 0.3퍼센트에 불과한 대기업이 전체 영업이익 56.8퍼센트를 차지하고(2019년 영리법인 기업체 행정 통계 잠정 결과) 2019년 제조업 기준 임금 수준은 중소기업이 대기업의 55.5퍼센트에 이르는 현실이다. 전에 없는 극심한 기업 양극화와 이에 따른 노동자 간 소득 격차는 간과해서는 안 될 심각한 구조적 현상이다. 이를 완화할 방책을 필사적으로 찾아야만 한다. 권투나 씨름도 선수 체급에 따라 승부를 겨룬다. 주요 산업 분야에 독과점 지위에 있는 대기업과의 협상에서 규모와 조직, 협상력에서 열위에 놓인 중소기업에 힘을 실어주는 것은 지극히 합당하다.

국회에서 조속히 법안을 통과시켜 중소기업의 교섭권을 보장하길 희망한다.

이와 별도로 하도급법을 위반하는 자에 대한 공정거래위원장의 영업정지 요청권을 신설할 필요가 있다. 현재 건설업에 한해 영업정지 요청권을 행사할 수 있는데, 다른 업종으로 확대해야 한다. 그리고 하도급법을 상습적으로 위반하는 자에 대한 더 강력한 제재가 필요하다. 공정위는 3년간 하도급법 위반으로 경고 또는 시정 조치를 3회 이상 받은 사업자를 하도급법 상습 법 위반 사업자로 선정해 관보나 공정위 홈페이지에 1년간 명단을 공표하고, 입찰 참가 자격 사전 심사나 물품 구매 적격 심사 시 감점 등 불이익을 준다.

그런데 국회 정무위원회 소속 국민의힘 강민국 의원실이 2021년 10월 공정위에서 제출받은 국정감사 자료에 따르면, 명단 공표와 각종 불이익을 당한 업체들은 10명 중 4명꼴로 이후 다시 하도급법을 위반했다. 불법 하도급 갑질로 얻는 이익이 제재에 따른 손실보다 크기 때문이다. 공정위가 상습 위반자에 대한 제재를 강화할 필요가 있다.

3. 대기업과 중소기업 간의 '협력이익공유'

'협력이익공유제'는 대기업과 중소기업 간 하도급 거래 등 여러 거래에서 발생한 대기업의 이익을 중소기업과 나누는 제도를 말한다. 최초 제안자는 2011년 정운찬 당시 동반성장위원장이었다. 이후 문재인 대통령이 대선 공약으로 내걸었고, 대선 후 문재인 정부의 100대 국정 과제가 된다.

그리하여 2018년 11월 중소벤처기업부는 더불어민주당 정책위원회와 당정 협의를 통해 '협력이익공유제 도입 방안'을 확정해 발표한다. 중소벤처기업부는 협력이익공유제를 "대·중소기업 간, 중소기업 상호 간 또는 위·수탁 기업 간 공동의 노력을 통해 달성한 협력 이익을 위탁 기업 등의 재무적 성과와 연계해 사전에 약정한 바에 따라 공유하는 계약 모델"로 정의했다. 이 제도는 대·중소 기업 간의 상생 협력을 통하여 대·중소기업 간 격차 완화를 도모하는 것이었다. 이 제도를 채택한 기업에 대해서는 세제 지원, 수·위탁 정기 실태 조사 면제 등의 혜택을 주도록 설계되었다. 협력이익공유제는 2020년 6월 법안까지 마련했으나 성사되지 못했다. 협력이익공유제에 대하여 국민의힘과 재계는 위헌이라고 반대했고, 정의당은 한계가 있는 제도이므로 부자 증세로 가야 한다고 주장했다.

사실 협력이익공유제는 김종인 전 국민의힘 총괄선대위원장이 박근혜 후보를 도우면서 제창했던 경제민주화의 일환이다. 현행 헌법 제119조 제2항은 “국가는 균형 있는 국민경제의 성장 및 안정과 적정한 소득의 분배를 유지하고, 시장의 지배와 경제력의 남용을 방지하며, 경제 주체 간의 조화를 통한 경제의 민주화를 위하여 경제에 관한 규제와 조정을 할 수 있다”라고 규정하고 있다. 문재인 대통령은 이 조항을 더 구체화하여 개헌안에 담았다. 즉, 경제민주화는 경제 주체 간의 조화뿐만 아니라 상생을 통해서도 실현될 수 있으므로 경제민주화 조항에 ‘상생’을 추가했고, 양극화 해소, 일자리 창출 등 공동 이익과 사회적 가치 실현을 위해 상호 협력과 사회 연대를 바탕으로 경제활동이 이루어지는 사회적 경제가 활성화될 수 있도록 국가에 사회적 경제의 진흥 의무를 부과했다.

국가는 균형 있는 국민경제의 성장 및 안정과 적정한 소득의 분배를 유지하고, 시장의 지배와 경제력의 남용을 방지하며, **경제주체 간의 상생과** 조화를 통한 경제의 민주화를 실현하기 위하여 경제에 관한 규제와 조정을 할 수 있다. (제125조 제2항)

국가는 중소기업과 **소상공인을** 보호·육성하고, **협동조합의 육성 등 사회적 경제의 진흥을 위하여 노력해야 한다.** (제130조 제1항)

개헌안도 법안도 통과되지 못한 상황에서 남양유업은 2020년 1월 협력이익공유를 시행했다. 사상 처음 있는 일이었다. 대리점 대상 물량 밀어내기와 수수료 갑질로 손가락질을 받고 공정거래위원회의 조사를 받던 남양유업이 상황 타개를 위해 자진 시정 방안으로 시작한 것이다. 남양유업은 2013년 대리점 동의 없이 제품을 강매하고 영업 직원이 대리점주에게 폭언을 퍼붓는 등 갑질을 한 것으로 드러났다. 본사가 주문 시스템을 조작해 대리점주가 주문한 양의 두 배를 대리점에 떠넘겼고, 대리점은 '울며 겨자 먹기'로 유통기한이 임박한 상품을 처리하기 위해 '1+1 행사'를 하거나 자체 폐기 처분하게 되었다.[4] 이로 인하여 국민적 분노가 폭발하고 불매운동이 벌어지자, 남양유업은 물러섰다.

2021년 6월에는 전국 500여 개 남양유업 대리점을 대상으로 총 2억 500여만 원의 첫 협력 이익금을 지급했다. 남양유업은 도입 후 5년간 해당 제도를 시범적으로 운영할 계획이다. 남양유업은 농협 납품 시 발생하는 순영업이익의 5퍼센트에 해당하는 이익을 납품 대리점에 분배하기로 하면서, 영업이익의 5퍼센트에 해당하는 금액이 1억 원 미만인 경우에도 최소 1억 원을 최소 보장 금액으로 지급해 운영한다.

남양유업의 협력이익공유는 공정거래법의 동의의결제도가 작동된 덕분이다. 동의의결제도는 조사를 받는 사업자가 경쟁 제한 상태 등의 자발적 해소, 소비자 피해 구제, 거래 질서의 개선 등을 실천하기 위해 제시한 시정 방안이 적절하다고 판단되면, 공정거래위원회가 사건 조사를 끝내고 법적 제재를 하지 않는 제도다. 이 제도가 적극적으로 활용되길 희망한다.

마지막으로 경제민주화가 정치적 화두가 되기 이전부터 법학자로서 오래전부터 강조해왔던 것이 1948년 제헌헌법 18조의 '이익균점권'이다. 즉, "영리를 목적으로 하는 사기업에서는 근로자는 법률이 정하는 바에 의하여 이익의 분배에 균점할 권리가 있다." 우파 노동운동가이자 대한민국 초대 사회부 장관이었던 우촌 전진한 선생의 사상이 반영된 조항이다.

이익균점권은 앞에서 본 이익공유제보다 훨씬 '좌파'적이다. 이 권리는 노동자의 임금청구권이나 사원 주주가 가지는 이익배당 청구권이 아니다. 사기업의 경영자는 **월급 이외**에도 회사 경영으로 축적한 이익을 주주가 아닌 노동자에게 분배해야 하는 의무를 지며, 국가는 근로자에게 이러한 이익 분배의 청구권을 보장해

주어야 함을 뜻한다. 지금 이런 주장을 하면 완전히 '좌빨'로 비난 받을 것이다. 2022년 이념 지형이 1948년보다 '우편향'되었음을 보여주는 실례다. 물론 이익균점권의 내용은 법률에 위임되어 있기에 그 기준과 범위는 국회에서 논의되어야 한다. 그렇지만 이러한 권리를 규정한 1948년 헌법 정신은 우리에게 '오래된 미래'다.[5]

7장 차별을 넘어 공존으로

‘시민의 권리’가 없다고 하더라도
‘인간의 권리’는 인정하는 것,
그리고 두 권리 사이의 간격을 줄여나가야 한다.

선진국의 또 다른 지표는 소수자에 대한 배려와 포용이다. 정치적 민주화가 이루어지고 경제적 부가 급증했지만, 소수자에 대한 차별과 혐오는 재생산되고 있다. 차별은 여러 계층·집단에 대하여 여러 차원에서 발생하고 있지만, 여기서는 여성, 성소수자, 이주 노동자, 탈북민 등 네 집단을 중심으로 보기로 한다. 2022년 1월 박노자 교수는 페이스북에 이렇게 썼다.

> 오늘날 대한민국은 비정규직이나 여성, 이민자 등 **약자들에게 가장 잔혹한 '부자 나라'**입니다. 그러면서도 '부자 나라' 됐다고 해서 그 주류는 엄청난 자만심을 과시하는 것이죠. 노동 친화적, 여성 친화적 다민족 사회의 건설에 실패하면 장차 50년 후에 초고령화 등의 도전에 제대로 응전할 수 없을 터인데…… 근데 대한민국의 '주류'는 그런 생각을 통하지 않고 '멸공' 놀이나 하고 있습니다.[1]

장애인 차별 역시 엄연히 존재하지만, 2008년 장애인차별금지법 제정으로 제도적 차원에서는 일단락이 되었기에 여기서는 다루지 않기로 한다. 조선족·고려인 동포의 경우도 차별과 편견의 고통을 받는 "타자로서의 동포"[2]이지만, 나의 조사와 연구가 부족하고 이들의 문제는 이주 노동자와 탈북민이 겪는 문제와 상당 부분 겹치므로 이 책에서는 검토하지 않기로 한다.

1. '82년생 김지영' 현상은 여전하다

2022년 2월 7일 윤석열 후보는 《한국일보》 인터뷰에서 놀라운 발언을 했다. "여성은 불평등한 취급을 받고 남성은 우월적 대우를 받는다는 건 옛날 얘기다. 더이상 구조적인 성차별은 없다." '이대남20대 남성'의 표를 얻기 위한 작심 발언이었다. 정말 구조적 성차별은 없어졌을까?

2021년 3월 세계경제포럼World Economic Forum, WEF이 발표한 〈2021 성 격차 보고서〉에 따르면, 한국의 성 격차 지수는 세계 156개국 가운데 102위였다. 2021년 8월 여성가족부는 한국의 성별 임금격차는 32.5퍼센트로 OECD 국가 중 가장 심각하다고 발표했다. OECD는 정규직 직원의 남녀 간 중위소득을 기준으로 임금격차를 비교한다. 이 통계에 따르면 한국의 남녀 임금격차는

32.5퍼센트로, OECD 평균(12.8퍼센트)에 비해 두 배가 넘는다. 영국 《이코노미스트》는 매년 '세계 여성의 날'을 앞두고 OECD 국가의 여성 노동환경에 대한 '유리천장 지수glass ceiling index'를 발표하는데, 한국은 2021년까지 9년 연속 꼴찌를 기록했다.

2017년 19대 대선 당시 문재인 후보를 포함 4명의 주요 후보가 성평등 임금 공시제 도입을 공약했다(홍준표 후보 제외). 당시 문재인 후보는 고용주의 성별 임금격차 현황 보고 의무와 성별 임금격차 개선 계획 수립 의무를 부여하는 성평등 임금 공시제 도입을 공약했다. 2017년 7월 발표한 국정 운영 5개년 계획에서도 2018년까지 이 제도를 도입하겠다고 밝혔으나, 성사되지 못했다. 이 제도는 성별·고용 형태별 임금과 근로시간 같은 노동 관련 정보공개를 의무화하는 것으로, 정보공개를 통해 비합리적인 성별 임금격차의 실태를 확인하고 그 원인을 찾아 성평등한 임금을 이루겠다는 목표를 갖고 있다.

OECD 여러 나라에서 유사한 제도를 시행하고 있다. 캐나다 퀘백주 및 온타리오주는 성별 임금격차 시정 제도를 최초로 도입했다. 온타리오주가 1987년 도입한 '형평임금법Pay Equity Act'은 노동자를 10인 이상 고용하는 기업의 고용주는 성 중립적인 직무평가를 통해 동일노동에 대한 동일임금을 지급할 것을 의무화했다. 스위스의 경우, 100인 이상 근로자를 고용한 공공 또는 민간 기업은 남녀 임금격차를 파악하도록 동일임금 분석을 의무적으로 실시하고 그 결과를 주주와 노동자에게 공개해야 한다. 만약 1년 안에 이를 위반하거나 임금격차가 발생하면 다시 분석해야 한다. 독일·오스트리아·벨기에의 경우는 대외적 공개는 하지 않고 노동조합, 직원, 직장 평의회에 정보를 공개하도록 하고 있다.

이러한 상황에서 2019년 12월, 박원순 당시 서울시장은 국내 최초로 성평등 임금 공시제를 시행했다. 서울시는 22개 모든 투자·출연 기관의 2018년 기관별 성별 임금격차와 직급별·직종별·재직년수별·인건비 구성 항목별 성별 임금격차를 시 홈페이지에 공시했는데, 성별 임금격차는 최대 46만 원 이상 차이가 발생하는 것으로 나타났다. 박 시장의 갑작스러운 별세 이후 서울시의 이 실천은 전국적으로 확산되지 못하고 흐지부지되었다. 안타까운 일이었다.

20대 대선에서 더불어민주당 이재명 후보와 정의당 심상정 후보는 이 제도 도입을 공약했다. 여성가족부 폐지를 내건 윤석열 후보의 경우 이 제도를 도입할 것으로 예상되지 않는다. OECD 국가 중 심각한 성별 임금격차가 지속·악화될 것을 염려하지 않을 수 없다.

한편 고과 평가와 승진에서도 여성은 차별을 받는다. 2021년 한국노동조합총연맹의 조사 결과에 따르면, 코로나19 위기로 주로 여성이 가족 돌봄을 맡게 되었고 정부가 권장한 '가족 돌봄 휴가'를 사용했지만, 그로 인하여 고과 평가, 승진 등에서 차별을 받았다.

경력 단절도 여성이 더 크게 겪는 불이익이다. 직장을 가진 여성들은 출산과 육아 등으로 3년에서 10년 정도까지 경력 공백이 생기는 경우가 많다. 그러다 보니 '경단녀경력 단절 여성'에게는 경력 단절 기간 실무 경험 상실이 일어나고, 기업은 이러한 경단녀를 뽑지 않으려 하는 경향이 있다. 조남주 작가의 소설《82년생 김지영》(2016)의 주인공 '김지영'이 대학 졸업 후 회사에 근무하다가 31살에 결혼하여 딸을 낳아 키우면서 경험하는 성차별은 생생하다. 이 책이 출간 2년 만에 100만 부를 돌파한 사회적 이유를 직시해야 한다.

다행히 2021년 11월 '경력 단절 여성 등의 경제활동 촉진법' 전부개정법률안이 국회 본회의를 통과했다. 개정법은 정책 대상의 범위를 경력 단절 여성 외에 새로 노동시장에 진입하는 여성과 재직 여성 등을 포함한 '여성'으로 확대했다. 또 경력 단절 사유로 기존의 '혼인·임신·출산·육아·가족 구성원 돌봄'에 '근로조건'을 추가했다. 이는 높은 성별 임금격차 등 노동시장 구조가 경력 단절의 주요 원인이라는 점을 반영한 것이다.

물론 이 법이 통과되었다고 경단녀 차별이 곧바로 없어지지는 않을 것이다. 장경섭 서울대 사회학과 교수는 한국 사회의 '복지 젠더'가 매우 부족하다고 지적한다.

21세기 들어서까지 바뀐 적 없는 '선 성장 후 분배' 기조에서 경제 개발에 뭐든 다 투입하려고 정부가 복지 지출을 최소화하고 사회 보장이 부족한 와중에 이를 메워왔다. 집안일 하고 애 키우면서 맞벌이도 해야 한다. 외환위기 이후 남성 가장의 고용 지위가 불안한 상황에서 여성들이 소득을 메우기 위해 비정규직으로 노동 시장에 뛰어드는 게 보편화됐다. 일과 가정이라는 '이중 근무'도 고생스러운데, 한국 남성들은 가사 노동에 대해 만성적으로 비협조적이다. 여기에다 고령화가 진행되면서는 노부모를 보살피는 '삼차 근무' 부담까지 더해졌다. 한국의 가족 지원 복지 제도나 재정지출 수준은 한국보다 낮은 경제발전 단계에 있는 개발도상국 수준에도 미치지 못한다. 이는 많은 노인과 아동, 장애인 등 부양 보호 대상자들의 삶이 비참한 상태에 놓여 있을 뿐 아니라 부양 노동자로서 여성의 지위가 구조적으로 취약할 수밖에 없다는 뜻이다.[3]

이러한 성별 임금격차, 여성의 '이중 근무'와 '삼차 근무' 현실 등 엄연히 존재하는 여성 차별 현상에도 불구하고, 20대 남성 사이에는 남성이 차별받고 있다는 인식이 상당하다. 천관율 기자와 정한울 연구원 공저의 책 제목처럼, 이대남 사이에는 '남성 마이너리티 자의식'[4]이 자리 잡은 것이 객관적 현실이다. 부모 세대와 달리 어린 시절부터 여성에게 밀린 경험을 했고, 여성은 하지 않는 군 복무를 해도 아무 보상이 없고, 취업도 연애도 결혼도 어려운 현실은 계속되고, 게다가 왕왕 잠재적 성범죄자 취급을 받으니, 화가 나는 것이다. 이대남의 보수화는 이대남 탓이 아니라, 기성세대 탓이라고 해야 하지 않을까.

그리고 '워마드', '메갈리아' 등 '래디컬 페미니즘radical feminism'의 등장은 젠더 대립을 격화시켰다. 래디컬 페미니즘이 무차별적으로 남성을 잠재적 성범죄자 취급하고 공격했다면, 이대남이 많이 활동하는 '남초 커뮤니티'는 모든 페미니즘을 래디컬 페미니즘과 동일시하며 비판했다. 이러한 공방 속에 페미니즘은 '남혐남성 혐오'과 같은 뜻으로 곡해되어 유통되었다. 양측 모두 강남순 텍사스크리스천대학교 교수가 정리한 '무엇이 페미니즘이 아닌가: 페미니즘에 대한 오해'를 일독하길 권한다.[5]

1. 페미니즘은 '하나'가 아니다.
2. 페미니즘은 '남성 혐오'가 아니다.
3. 페미니즘은 '여성 지배'를 추구하는 것이 아니다.
4. 페미니즘은 '여성 우월'을 주장하는 것이 아니다.
5. 페미니즘은 '불평주의자'들이 하는 것이 아니다.
6. 페미니즘은 남성과 '경쟁'하는 것이 아니다.
7. 페미니즘은 모든 여성 또는 모든 남성이 '똑같다'고 주장하는 것이 아니다.

8. 페미니즘은 '복수의 정치politics of revenge' 또는 '반전의 정치politics of reversal'가 아니다.

9. 페미니즘은 '반-가정anti-family'이 아니다.

10. 페미니즘은 '반-종교anti-religion'가 아니다.

대선 과정에서 윤석열 후보는 이대남의 표를 얻기 위하여 '여성가족부 폐지'를 공약했다. 국민의힘 대선 경선에서 유승민, 하태경 후보도 같은 주장을 한 바 있다. 대선 후보의 성별 갈라치기 전략은 참으로 저열하다. 대표적인 페미니스트 정치인인 신지예 여성정치네트워크 대표를 영입했던 윤 후보가 지지율이 폭락하자 신 대표를 내보낸 후 여성가족부 폐지를 공약한 것도 마찬가지다.

첨예한 갈등을 조정하는 것을 포기하고 일방의 주장만을 수용하는 대통령 후보, 정부 조직 틀을 완전히 바꾸어야 하는 법 개정 사안을 SNS에 툭 던져버리는 후보는 자격 미달이다. 정부는, 그리고 정치는 엄존하는 여성 차별 현상의 개선과 이대남이 느끼는 고통과 불안의 해소를 양자택일적으로 선택해서는 안 된다. 정책과 예산으로 하나하나 조정하면서 국민 통합을 향해 나아가야 한다.

2. 동성애 시민에게도 권리를

동성애를 정신 질환이나 '성적 변태'로 취급했던 우리 사회 주류의 인식에는 그동안 많은 변화가 있었다. 자발적으로 커밍아웃하는 연예인, 정치인이 생겨나고, 〈브로크백 마운틴〉(2005), 〈왕의 남자〉(2005), 〈콜 미 바이 유어 네임〉(2018), 〈윤희에게〉(2019) 등 동성애를 주제로 한 국내외 영화나 〈인생은 아름다워〉(2010), 〈런 온〉(2020) 등 TV 드라마가 인기를 끌었다. 통계청의 한국표준질병사인분류나 교육부의 성교육 교사용 지도 지침서는 동성애를 질환이 아니라 '성적 지향'으로 규정한다. 국가인권위원회법은 성적 지향에 근거한 평등권 침해를 차별로 규정한다.

그러나 이러한 변화의 외피를 한 꺼풀만 벗겨 보면 상황은 다르다. 동성애자에 대한 편견은 사회 곳곳에 뿌리 깊게 박혀 있으며, 동성애자에 대한 공공연한 또는 은밀한 비난과 폭언도 쉽게 접할 수 있다. 동성애자임을 '아웃팅outing'시키겠다고 협박하고 금품을 뜯거나 성폭력을 가하는 범죄도 종종 벌어진다. 동성애 남성은 아무 남성이나 유혹할 것이라는 편견, 심지어 옆의 남성 동료를 강간할 것이라는 황당한 공포증이 사라지지 않고 있다. 이성애 남성 중 아무 여성이나 유혹하거나 동료 여성을 강간하려는 자가 비정상인 것처럼, 같은 행태를 보이는 동성애 남성의 경우도 비정상적 사례일 뿐이다.

2007년 12월 노무현 정부는 2006년 국가인권위원회의 입법 권고에 따라 '차별금지법안'을 발의했지만, 보수 기독교계는 금지되는 차별 사유에서 동성애를 삭제할 것을 요구했고, 이후 이 법의 제정은 무산되었다. 이후 발의와 폐기가 반복되며 15년째에 접어들었다.

이러한 상황에서 성전환 수술을 한 후 강제 전역된 트랜스젠더 변희수 하사가 세상을 등졌다. 육군은 변 하사가 성전환 수술을 하자 '심신장애 3급'으로 판정하고 전역시켰다. 변 하사는 행정소송을 제기했고, 2021년 10월 7일 대전지법은 "성전환한 변 전 하사의 성별은 '여성'이라며 남성의 신체를 기준으로 '장애가 있다'고 본 군의 전역 처분은 더 나아가 살필 필요 없이 위법하다"라고 판시했다. 그러나 변 하사는 이 판결을 보지 못하고 비극적 선택을 했다. 법원에 의해 사후적으로 위법적 차별이 확인된 것은 다행이지만, 차별금지법이 시행되고 있었다면 비극은 발생하지 않았을 것이다.

현재 국회에 발의된 차별금지법안은 4건이다. 정의당 장혜영 의원 발의 법안, 더불어민주당 이상민·권인숙·박주민 의원 발의 법안 등이다. 문재인 대통령은 2012년 민주통합당 대선 후보 시절인 차별금지법 제정을 공약했지만, 2017년 대선 때는 '사회적 합의'를 이유로 공약으로 내걸지 않았다. 이후 문 대통령은 임기 말인 2021년 12월 25일 '국가인권위원회 20주년 기념식'에서 이렇게 연설했다.

> 20년 전 우리는 인권이나 차별금지에 관한 기본법을 만들지 못하고 국가인권위원회법이라는 기구법機構法 안에 인권 규범을 담는 한계가 있었습니다. 우리가 인권 선진국이 되기 위해서 반드시 넘어서야 할 과제입니다.

반면 윤석열 후보는 2021년 11월 차별금지법에 대해 "일률적으로 가다 보면, 개인의 자유를 침해할 수 있다"라고 말했던 바, 동법 제정에 반대 의사를 표명했다.

장구한 기독교 전통을 가진 유럽 국가들의 모임인 유럽연합은 1997년 암스테르담 조약을 통해 성적 지향을 이유로 한 차별을 금지하는 것을 회원국의 의무로 만들었고, 2000년 '유럽평의회Council of Europe'는 유럽 각국에 대하여 동성애자 차별금지, 학교·병원·군대·경찰 안에서 동성애 혐오를 없애는 교육을 실시할 것, 그리고 동성 커플을 합법화하는 법률을 제정할 것을 요구한 바 있다. 이러한 요구는 OECD 34개 회원국 가운데 한국과 일본을 제외한 대부분 국가에서 법제화되었다.

성적 지향 때문에 차별받고 모욕받는 일을 허용하는 것은 21세기 대한민국에 어울리지 않는 일이다. 물론 지금도 "동성애를 찬성하는가? 동성애 합법화에 찬성하는가?" 류의 질문을 던지는 정치인과 종교인이 있다. 그러나 강남순 교수가 정확히 지적했던 것처럼, 이러한 질문에 대해서는 정반대의 질문을 던져야 한다. 즉, "당신은 이성애를, 이성애 합법화를 찬성하는가?" 동성애는 찬성이나 반대할 문제가 아니라 인간의 '존재 방식'인 것이다.[6] 우리는 "존재에 대한 반대를 반대한다"[7]라고 말해야 한다.

차별금지법안이 처음 발의된 2007년 이후 여론도 많이 바뀌었다. 2021년 6월 《시사저널》이 시사리서치에 의뢰한 여론조사에 따르면, 찬성이 66.5퍼센트로 반대(33.5퍼센트) 의견을 크게 앞섰다. 2021년 11월 《한겨레》가 케이스탯리서치에 의뢰한 여론조사도 보면 차별금지법에 찬성한다는 응답은 71.2퍼센트로 반대 의견(21.7퍼센트)의 3배가 넘었다. 더불어민주당에 있다가 탈당하여 윤석열 캠프에 합류했던 금태섭 전 의원도 차별금지법 제정에 앞장서 왔다. 물론 금 전 의원의 입장은 국민의힘 내부에서는 소수파일 것이다. 정치적 차이에도 불구하고, 대선 후 여야가 힘을 합해 차별금지법을 제정하길 희망한다.

동성애자에 대한 차별 중 제일 예민한 것은 '동성혼' 인정 여부다. 현행 법률과 판례는 동성혼을 인정하지 않고 있다. 동성 커플은 법적 혼인을 할 수 없고, 일상생활에서 이성 커플이 공기처럼 누리는 혜택을 누릴 수 없다. 예컨대 가족수당, 세금, 연금, 보험, 병원 면회권, 상속 등에서 혜택을 받을 수 없다. 2021년 2월 국민건강보험공단을 상대로 동성 배우자를 건강보험 직장 가입자의 피부양자로 인정해달라는 소송을 제기했다가 패소했던 소성욱 씨는 말한다.

> 사람들은 '우리가 언제 차별했어'라고 따져 묻는다. 하지만 **당연히 누리는 그들의 권리가 우리에게는 주어지지 않는다**는 사실은 잘 모른다. 우리는 평생을 같이 살아도 한 사람이 세상을 떠났을 때 장례 절차에 개입할 권리가 법적으로 보장되지 않는다. 유산상속도 안 되고, 임차인 승계권도 없다. 모든 권한은 (법적) 원가족에게 돌아간다.[8]

그래서 동성 커플은 유언장, 사전 의료 지시서, 임의 후견인 제도 등 '3종 세트'를 준비해야 한다. 레즈비언 작가 김규진 씨가 2019년 발표한 에세이집 《언니, 나랑 결혼할래요?》에서 밝혔듯이, 국내 항공사 마일리지의 가족 결합도 동성 커플에는 적용되지 않는다. 김 씨가 미국 맨해튼에서 혼인신고를 하고 이 혼인 증명서를 국내 항공사에 제출하여 가족 결합 혜택을 따냈다는 점을 읽으면서 쓴웃음이 났다. 해나 아렌트Hannah Arendt의 유명한 개념을 빌리자면, 동성애자는 시민임에도 '권리들을 가질 권리'[9]가 보장되지 않고 있다.

보수적 유교 전통이 자리 잡고 있고 보수적 기독교의 발언권이 강한 한국 사회에서 동성혼 합법화는 쉽지 않을 것이다. 해외

2022년 1월 7일 성소수자 부부 소성욱, 김용민 씨가 서울 서초구 서울행정법원에서 열린 건강보험 피부양자 자격인정 소송 1심 선고를 마친 뒤 기자회견을 하고 있다. (출처: 《연합뉴스》)

에는 최초로 동성혼을 합법화한 네덜란드(2001년)를 위시한 서구의 여러 나라와 2019년 아시아 최초로 동성혼을 합법화한 대만 등의 예가 있다. 하지만 동성혼을 당장 인정하는 것이 부담된다면, 미국 버몬트주, 뉴욕주 등 6개 주와 워싱턴D.C. 및 다수의 유럽 국가처럼 '시민 결합civil union'[10]이라는 별도의 제도를 도입하여 동성애 커플의 삶을 보호해줄 수 있다. 일본의 경우 법률은 아니지만 이바라키현 등 다섯 군데 광역자치단체에서 조례로 '동성 파트너십'[11]을 인정하고 있다.

2022년 1월 7일 서울행정법원 행정6부(재판장 이주영)는 앞에서 언급한 김용민·소성욱 커플의 소송에 대하여 패소판결을 내리면서 이렇게 밝혔다.

> 구체적인 입법이 없는 상태에서 개별 법령의 해석만으로 곧바로 혼인의 의미를 동성 간 결합으로까지 확대할 수는 없다.…… 호주나 유럽연합 여러 나라가 동성혼을 인정하고 있고, 이탈리아 등 여러 나라가 동성 동반자 제도를 두는 등 세계적으로 혼인할 권리를 이성 간으로 제한하지 않는 것이 점진적 추세다. 결국 혼인 제도 인정 여부는 개별 국가 내 사회적 수요와 합의에 따라 결정될 일이기 때문에 원칙적으로 **입법의 문제**다.

그런데 노동운동 차원에서 중대한 변화가 일어났다. 2021년 12월 국내 최대 산업별 노동조합 전국금속노동조합(이하 금속노조)가 회사 내 성적 지향, 성별 정체성에 따른 차별금지 조항을 포함하는 모범 단체협약안을 승인한 것이다. 이 안은 '배우자'를 '법률상 혼인 여부와 상관없이 사실혼 관계의 배우자 및 동거인을 포함'하는 개념으로 정의했고, '가족'도 법률상 혼인에 국한되지 않고 성적 지향, 성별 정체성 등을 고려한 여러 가족 형태를 포함하도록 했다. 이에 따라 본인과 배우자 경조사 휴가, 가족 돌봄 휴직 등이 사실혼·동거 관계에 있는 동성 커플을 포함한 다양한 가족에게 적용되는 길이 열리게 된 것이다. 이러한 모범 단체협약안

개정 이후 주한미국대사관은 2021년 12월 22일 공식 페이스북 계정에 "한국 내 다양한 가족 형태의 고용주로서, 금속노조가 모든 조합원에게 동등한 혜택을 주는 것을 지지하게 되어 기쁘게 생각한다"라는 글을 올리고, 지지 의사를 표명했다.

금속노조는 시민 결합 제도를 노조 차원에서 수용한 것이다. 인류 역사에서 동성애는 존재해왔고, 앞으로도 존재할 것이다. 자신의 도덕관·종교관과 별도로, 동성애 시민도 이성애 시민이 누리는 시민으로서의 혜택을 누릴 수 있어야 한다는 것은 인권의 기본 원칙이다. 인권의 '인人'을 성적 지향을 이유로 갈라쳐서는 안 된다.

3. 이주 노동자는 '노비'가 아니다

2001년 박노자 교수는 한국에 체류하는 아시아계 이주 노동자들이 "경제적 우열에 따른 멸시와 차별 외에도 인종적 편견에 근거를 둔 멸시에 시달리고 있다"라고 날카롭게 지적한 바 있다.[12] 2004년 KBS 〈폭소클럽〉에 출연한 코미디언 정철규 씨가 분한 스리랑카 출신 이주 노동자 '블랑카'가 외친 "뭡니까 이게, 사장님 나빠요!"는 유행어가 되었다. 2010년 개봉한 영화 《방가? 방가!》의 주인공 '방가(김인권 분)'는 한국인 청년이지만 짙은 피부와 작은 키의 소유자로 지방대 졸업자다. 취업이 계속되지 않자

2021년 12월 19일 서울 종로구 보신각 앞에서 열린 세계 이주 노동자의 날 기념 대회에서 참가자들이 구호를 외치고 있다. (출처: 《연합뉴스》)

방가라는 이름으로 부탄인 행세를 하여 의자 제조 공장에 취업한다. 그러면서 이주 노동자에 대한 인권침해를 목도한다. 사장은 한국인이 받는 급여의 절반만 지급하고, 적금을 들어준다면서 임금을 가로채고, 여성 노동자에게는 성추행을 일삼는다. 이러한 극적 묘사는 현실에서 얼마나 개선되었을까?

KBS 교양 프로그램 〈이웃집 찰스〉에는 한국에 성공적으로 정착한 이주 노동자의 사례, 이주 노동자와 진실한 교감을 나누는 한국인의 모습이 나온다. 그러나 이러한 프로그램에 소개되지 않는 사각지대에서 고통받는 이주 노동자의 삶, 이주 노동자를 무시하고 차별을 일삼는 한국인의 모습에도 주목해야 한다. 경남 밀양 일대에서 농촌 이주 노동자의 인권을 점검하기 위해 만들어진 '찾아가는 이주 노동자 노동 인권 버스'는 2021년 3월 다음과 같이 밝혔다.

> 이주 노동자의 열악한 노동조건과 주거 환경 문제는 어제오늘의 일이 아니다. 특히 농어촌 지역 이주 노동자는 가장 심각한 상황에 처해 있다.…… 노동시간만큼 대가를 인정받지 못하는 최저 이하의 임금, 하루 11시간 일을 시키면서도 3시간을 휴식 시간으로 처리하는 사업주, 사람이 살 수 없는 곳에 살게 하면서도 숙식비로 20~30만 원을 떼가는 상황이다. 계약된 사업주가 아닌 다른 여러 사업주의 비닐하우스에서 일을 시켜 **이주 노동자를 마을 머슴 같이 쓰는 상황** 등 착취와 차별의 종합편이라고 해도 과언이 아니다.[13]

2021년 12월 이주 노조와 민주노총 등은 '세계 이주 노동자의 날'을 맞아 집회를 열었다. 참가자들의 목소리에 귀기울여보자.

> 이주 노동자는 한국에서 먹을 것, 입을 것, 쓸 것, 탈것, 살 것을 생산하고 있다. 그런데도 이주 노동자는 기계나 노예 취급을 당하고 있다. 이주 노동자들은 내국인이 하지 않는 3D 업종에서 일하

며 한국 경제를 떠받치고 있다. 그런데도 수십 년간 착취와 차별, 억압과 폭력 속에 놓여 있다.[14]

2020년 12월 20일, 캄보디아 출신 여성 농업 이주 노동자 '속헹Nuon Sokkheng'의 죽음은 큰 충격을 주었다. 속헹은 고국행 비행기표를 끊어둔 상태로 싸늘한 비닐하우스 숙소에서 시체로 발견되었다. 그의 죽음 뒤 고용노동부는 비닐하우스 내 컨테이너·조립식 패널 가건물을 숙소로 제공하는 농가는 새로운 외국인 노동자를 고용하지 못하게 하는 지침을 만들었다. 단, 취업 기간을 연장하는 이주 노동자에 한해 기존 기숙사 시설을 개보수하거나 인근 건물을 임차해 제공하는 경우 6개월, 신규 기숙사를 짓는 경우 1년 유예기간을 설정했다.

2021년 1월 고용노동부·농림축산식품부·해양수산부가 공동으로 벌인 농어촌 사업장에서 일하는 이주 노동자 주거 환경 실태 조사 결과를 보면, 이주 노동자 중 69.6퍼센트가 가설 건축물에서 산다고 답변했다. 숙소로 쓰이는 가설 건축물은 조립식 패널(34퍼센트)이 가장 많았고, 컨테이너(25퍼센트), 비닐하우스 내 시설(10.6퍼센트) 등이었다. 숙소로 쓰이는 가설 건축물 중 지역 자치단체에 주거시설로 미신고된 경우가 56.5퍼센트에 달했다. 사업주들은 인근 숙소 부족(32.8퍼센트), 사업주도 같이 거주(25.5퍼센트), 경제력 부족(20.7퍼센트) 등을 가설 건축물을 제공하는 이유라고 답했다. 아울러 숙소 내 잠금장치가 없거나(농축산업 6.8퍼센트, 어업 13퍼센트), 소화기·화재경보기가 없는 경우(농축산업 5.2퍼센트, 어업 21.5퍼센트)도 있어 사생활 보호나, 화재 위험에 취약한 것으로 나타났다.

2021년 12월 강은미·윤미향 의원 주최로 열린 '캄보디아 이주 노동자 안전 보건 및 노동권 실태와 과제 토론회'에서 이진우 경기도의료원 파주병원 노동자건강증진센터장은 실태 조사 결과를 발표했다. 조사 참여자 중 하루 노동시간이 8시간 이하로 근로기준법을 준수하는 경우는 35퍼센트에 불과했다. 10시간을 초과해 일하는 경우가 40퍼센트였다. 평균 노동시간은 9.8시간이었는데, 농축산업에 종사하는 경우 10시간을 초과하는 경우가 58.7퍼센트로 더 높았다. 주 5일 근무를 한다는 답변은 39.3퍼센트뿐이었고, 하루도 제대로 쉬지 못한다는 답변이 29.5퍼센트였다. 농축산업 노동자는 일주일에 6.1일 이상 일하는 경우가 54.8퍼센트로 반수 이상이었다. 조사 참여자의 월 평균 임금은 189만 7,000원으로, 최저임금 이하의 임금을 받는 비율이 49.2퍼센트나 됐다.

〈오징어 게임〉 속 악덕 사장은 파키스탄 출신 노동자 '알리(아누팜 트리파티 분)'에게 월급을 주지 않고, 알리가 산업재해로 손가락이 잘렸으나 병원비나 고국으로 돌아갈 여비도 마련해주지 않으면서 그를 무시하고 홀대한다. 현실도 이와 다르지 않다. 2021년 10월 고용노동부에 따르면 연간 사고 재해를 입은 이주 노동자는

2018년 7,061명, 2019년 7,315명, 2020년 7,363명으로 늘고 있다. 이주 노동자 사고사망자는 2018년 114명, 2019년 104명, 2020년 94명이다.

이주 노동자는 한국인 인력을 구하기 어려운 산업 현장에서 일하고 있는 소중한 사람들이다. 이들의 노동력 없이 한국 경제는 돌아가지 않는다. 그리고 한국 국적이 없더라도 그들은 한국인과 똑같은 '사람'이다. 이들에게 **'시민의 권리'가 없다고 하더라도 '인간의 권리'는 인정하는 것, 그리고 두 권리 사이의 간격을 줄여나가야 한다.** 이를 외면하고 그들을 무시하고 착취한다면 선진국이 될 자격이 없다. 당장 이루어져야 할 제도 개선 사항이 있다.[15]

첫째, 사업자 등록이 된 사업장에서 일하는 경우와 달리 사업자등록증이 없는 농축산어업 사업장에서 일하는 이주 노동자는 건강보험 직장적용을 받지 못한다. 속헹의 비극적 죽음 후 고용노동부는 이 점을 개선하여 입국 후 즉시 건강보험 지역 가입을 허용하고, 농어촌 지역의 경우 보험료 경감 및 지원을 하겠다고 약속했다. 이 약속이 다른 이유로 연기되거나 무산되지 않도록 주목해야 한다.

둘째, 이주 노동자의 사업장 변경 사유를 대폭 확대해야 한다. 현행법상 이주 노동자는 사용자의 근로계약 해지 또는 만료 시 총 5년의 취업 활동 기간에 5회 이내로 사업장을 변경할 수 있다. 휴·폐업, 부당한 처우 등 이주 노동자의 책임이 아닌 경우 횟수에 제한 없이 사업장을 바꿀 수 있다. 그러나 현장에서는 이주 노동자의 책임이 아닌 사유가 넓게 인정되지 않아, 이주 노동자는 한국인 사업주의 '노비' 같은 존재로 묶여버리는 경우가 많았다.

신속하게 관련 고시를 변경해야 한다. 이주 노동자 대상의 성폭력 등 범죄가 확인된 경우, 임금, 숙소, 건강 등 이주 노동자의 근로조건과 관련된 사용자의 불법·부당행위가 확인된 경우 사업장 변경이 가능하도록 해야 한다.

4. 수많은 '강새벽'이 '불가촉천민' 대우를 받고 있다

〈오징어 게임〉에는 탈북민 '강새벽(정호연 분)'이 주인공 중 한 명으로 등장한다. 강새벽은 탈북 과정에서 부모와 떨어져 한국으로 왔고 북한에 있는 어머니를 위해 탈북 브로커와 접촉한다. 하지만 사기를 당해 남동생을 보육원에 맡긴 채 소매치기로 살아가다 결국 '오징어 게임'에 참여한다. 탈북민들은 탈북했으나 자본주의식 경쟁 사회에 익숙하지 않고 재교육이나 취업도 쉽지 않기에 취약 계층으로 떨어지고 있다.

2022년 새해 첫날 월북한 사람은 2020년 11월 귀순한 탈북민이었다. 그는 탈북 후 서울주택도시공사SH 임대주택에 입주했고 주거·의료 급여를 받았다. 구청 자활 근로 사업 참여 조건으로 생계 급여(1인 약 54만 원)를 받는 조건부 기초생활수급자였으나, 자활 사업에 참여하지 않아 2021년 9월부터는 생계 급여를 받지 못했고, 청소 용역 일을 하며 생계를 유지하고 있던 상태였다. 통일부에 따르면 2012년부터 2021년까지 10년간 다시 북한으로 돌아간 탈북자는 총 30명이다. 이는 북한 매체 보도나 추가 조사 등을 통해 확인된 수치여서 실제로는 더 많을 것으로 추정된다. 2002년 월남하여 연세대에서 탈북민으로 첫 통일학 박사가 된 주승현 씨는 약 5,000명의 탈북민이 '탈남脫南'했거나 탈남했다가 돌아온 것으로 추산한다.[16]

탈북민이 현재 영위하고 있는 삶의 현실은 어떨까? 2019년 탈북민 모자가 서울 관악구 임대 아파트에서 숨진 뒤 두 달이 지나서야 발견된 사건은 우리 사회에 큰 충격을 주었다. 이들 모자는 생계 급여, 주거 급여 등의 복지 혜택을 받지 못하고 있는 상태였다. 그 뒤에도 큰 개선은 없었다. 김용화 탈북난민인권연합 회장은 "서울에만 약 9,500가구의 탈북민이 있는데 이들의 10퍼센트 정도는 끼니 해결도 쉽지 않은 처지"[17]라고 말했다.

2021년 10월 국민의힘 지성호 의원이 통일부로부터 제출받은 자료에 따르면, 지난 5년간 탈북민 기초생활보장 수급자는 전체 입국자 중 평균 24.8퍼센트로 일반인 대비 8배에 달한다. 기초생활수급자에는 속하지 않지만 잠재적 빈곤 계층에 속하는 차상위 계층도 1만 540명(전체 탈북민 대비 31.2퍼센트)으로 전체 탈북민의

56퍼센트가량이 취약 계층으로 생활하고 있는 것으로 확인됐다.

일자리의 질 또한 단순 노무와 서비스 직군에 편중된 것으로 나타났다. 통일부 산하 남북하나재단에 따르면 2020년 탈북민 2만 9,400명을 대상으로 설문 조사한 결과 이들이 현재 근무하고 있는 직업 유형은 단순 노무직(28.6퍼센트)이 가장 높았다. 서비스업(16퍼센트), 판매업(9.9퍼센트)이 뒤를 이었다. 사업체 유형도 공장 등 단순 제조업체가 20.5퍼센트로 가장 많았고 식당으로 대표되는 숙박·음식점업이 13.7퍼센트로 두 번째였다. 탈북민이 열악한 일자리에 몰리는 이유는 상대적으로 짧은 직업교육과 독박육아로 인한 환경이 꼽힌다. 한국에 정착한 이탈 주민 중 76.1퍼센트가 여성인데다가 이들 상당수가 홀로 한국 사회에서 육아하면서 일을 하는 '워킹맘'으로 알려졌다. 자녀를 돌보는 시간을 마련하기 위해 시간제로 근무할 수 있는 식당 등 서비스업에 종사하는 경우가 많아 코로나19 여파에 더욱 취약했다는 평이다. 또한 한국에 들어와서 이른 시일 내 정착하기 위해 실무 능력이 크게 필요하지 않은 단순 제조업 등에 몰리면서 상대적으로 낮은 임금을 받는 상황이다.

한편 탈북민이 한국에서 겪는 '지독한 편견과 차별, 배제'의 사례에 대한 주승현 박사의 글을 읽으면, 가슴이 뜨끔해진다. 목숨 걸고 탈북했음에도 여전히 북한 사람으로, '타자'로 취급된다. 남한 사람들은 탈북민을 '묘한 승자적 감정'으로 바라보고 하대한

다. 탈북민은 한국이라는 무한 경쟁 사회에서 포용의 대상이 아니라 경쟁의 대상으로 취급된다.[18]

> 흔히 조선족 동포는 '이등 국민'이라는 이미지로 우리 사회에 굳어져 있다. 그동안 주민등록증을 가진 대한민국 국민임에도 북쪽 출신이라는 것을 밝히지 못하고 조선족 동포로 행세하며 일하는 탈북민을 종종 봐왔다. 조선족 동포라 하면 취업이 가능하지만 탈북자임이 알려지면 취직이 어려웠던 까닭이다. 사실상 탈북민은 이등 국민도 아닌 **불가촉천민**에 가까웠다.[19]

조선족 동포도 우리 사회에서 차별과 혐오 대상이 되고 있다. 중국 선양에서 태어나 한국으로 유학 와서 살고있는 이주 인권 활동가 박동찬 씨의 지적처럼, 우리는 조선족 동포를 '배제'하면서 동시에 '동화'를 압박한다.[20] 영화나 드라마에서 조선족 동포는 '(잠재적) 범죄인'으로 묘사된다.

그런데 탈북민은 그보다 더 열악한 상태에 있다는 주승현 박사의 토로에 충격을 받았다. 대한민국 국적을 가진 탈북민이 중국 국적을 가진 조선족 동포보다 더 안 좋은 취급을 받고 있는 것이다. 북한 정권에 대한 적대감이 탈북민에게도 연장되어, 이들은 **법상 외국인인 조선족 동포보다 더 '타자화'**되어 있다. 탈북민은 한국인이지만 '북한 간첩'의 낙인에서 자유롭지 못한 것이다.

현재 한국 사회에서 같은 한민족인 탈북민 집단보다 서구 출신 외국인, 특히 백인이 더 우대받고 있을지 모른다. 실증 연구에 따른 것은 아니지만, 한국 사회에서 아래와 같은 민족·인종 피라미드가 만들어져 작동하고 있는 것이 아닌지 의심된다.

통일이 될 때 북한 주민은 이 피라미드의 어디에 배치될지 벌써 걱정이 된다. 과거 권위주의 체제가 만들고 조장했던 호남 차별 감정이 북한 주민에게 전이되어 나타나지 않을까 우려된다.

2019년 이후 통일부는 탈북민 조사·지원 사업을 총 6차례 진행하면서 자산 형성 지원 확대, 직업훈련·취업 알선 협업 체계 확대, 탈북민 고용 인센티브 강화 등 맞춤형 지원을 해왔다. 이러한 통일부의 사업이 계속되어야 함은 물론, 남북하나재단, 지방자치

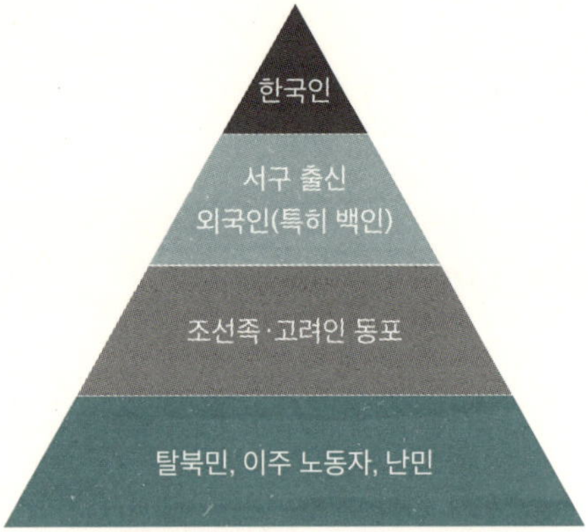

[한국 사회의 민족·인종 피라미드]

단체, 기업, 민간단체 등과의 협력을 통하여 탈북민을 지원하는 정책이 꾸준히 진행되어야 한다.

2022년 새해 첫날의 탈북민 월북 사건 이후 송두환 국가인권위원장은 성명을 발표하며 "북한 이탈 주민들의 안정적인 정착을 위해서는 이들에 대한 사회안전망 구축과 공동체 소속감을 통한 사회적 고립감 극복 등 정착 지원 제도의 보완과 개선이 시급해 보인다"라고 강조했다. 전적으로 맞는 말이다. 변화의 출발은 정부 관계자는 물론 일반 시민이 "북한 말투를 고쳐 신분을 세탁해 보려고 라디오에서 나오는 표준말을 따라 하다가 감정이 북받쳐 크게 울었던"[21] 경험을 가진 탈북민의 고통을 이해하고 공감하는 데 있을 것이다.

맺음말

'사회권' 강화를 통한 '반성적 평형'

1987년 6월 항쟁으로 쟁취한 정치적 민주화로 주권자는 '자유권'을 누리게 되었다. 국가보안법이라는 사상의 자유를 제약하는 법률이 있지만, 전체적으로 한국 사회의 자유권 보장은 세계 최고 수준이다. 이 점에서 한국은 '자유권 선진국'이다. 그러나 인권의 다른 축인 '사회권'은 그렇지 못하다. 나는 2017년《사회권의 현황과 과제》라는 책을 엮으면서 이렇게 썼다.

> 사회권은 왜 필요한 것인가? 시민의 육아·교육·주택·의료 등에서 기본적인 보장을 받지 못하면 그의 삶은 언제든지 불안하고 피폐해질 수 있다. 이러한 기본적 보장이 없으면 시민은 자신의 삶을 주도하기 어렵고 사회 공동체의 구성원으로 정치·경제·사회적 문제에 적극적 참여하고 주체적 선택을 하기 힘들다. 불법하거나 부당한 국가권력의 행사 앞에서도 침묵하거나 굴종하기 쉽다.…… 진보·개혁 진영도 역시 사회권이 '민주화 이후 민주주의'의 발전에 어떠한 의미를 갖는지, 사회권을 보장하려면 어떠한 운동을

벌여야 하는지 등에 대해 분명한 인식을 갖고 있지 못했다.

(중략)

시민은 권위주의 체제를 자신의 손으로 무너뜨리고 정치적 민주화를 쟁취했다. 이제 남은 과제는 사회적·경제적 민주화다. 정치적 민주화의 요체가 자유권이라면 사회적·경제적 민주화의 요체는 사회권이다. 이제 연대와 공존의 원리가 새로운 시대정신이 되었고, 그 법률적 표현이 사회권이다. 국가와 시민사회 모두에서 사회권 보장이 핵심 화두가 되고, 진보와 보수 진영이 사회권 보장을 위한 경쟁에 나서기를 기대한다.[1]

사회권은 국가가 베푸는 시혜가 아니라 시민의 '권리'다. 권리는 그 주체가 요구하고 주장해야 권리가 된다. 헤겔G.W.F. Hegel은 말했다. "의무만 있고 권리 주장이 없는 사람은 노예다." 소비에트 사회주의, 나치즘, 파시즘, 개발독재 등에서 발생한 자유권의 부재를 비판하고 넘어서면서도, 동시에 **자본주의 사회에서 사회·경제적 약자에게 사회권이 보장되지 않으면 자유권이 유명무실해짐**을 직시해야 한다. 법철학자 존 롤스John Rawls의 표현을 빌리자면, 평등 쪽으로 무게중심을 옮기는 새로운 '반성적 평형reflective equilibrium'을 이루어내야 한다.[2] 우리 사회에 필요한 정의와 형평이 무엇인지 끊임없이 성찰하면서 새로운 규칙과 제도를 만들어내야 한다.

정치적 민주화 이후 사회·경제적 민주화가 이루어졌어야 했지만, IMF 경제 위기 발발, 신자유주의 물결의 엄습 등으로 무산되고 말았다. 대표자를 자유롭게 뽑고 자신의 양심과 신조에 따라 말하고 행동하는 것이 자유로워졌고, 나라 전체의 부도 커졌지만, 중산층과 서민이 누리는 민생과 복지는 팍팍해졌다. 그 결과 부익부 빈익빈 현상, 소득과 자산의 양극화가 고착되어 버렸다. 기성세대의 한 사람으로, 학자이자 지식인으로 그리고 전직 고위 공직자로 큰 책임감을 느끼며 자성한다.

2017년 정승일 박사는 경제민주화 심포지엄에 참여하여 강조했다.

> '밥 먹여주는 경제민주주의'만이 국민의 넓고 깊은 동의와 지지를 받는다. 경제민주주의의 핵심에 아등바등 살아가는 직장인과 종업원, 소상인 들의 꿈과 바람, 희망이 담겨있어야 한다. 자신의 회사 생활에 영향을 미치는 회사의 주요 의사결정에 참여할 권리, 봉급 인상과 직장 내 승진, 비정규직 차별 해소, 매일 오후 6시에 정시 퇴근할 권리 등 소박한 희망과 열망에서 경제민주화가 출발해야 하고 또한 그것으로 귀결되어야 한다.[3]

촛불혁명의 산물인 문재인 정부는 이러한 현실을 직시하고 여러 개선책을 마련하고 시행했다. 코로나19 확산이라는 유례없는 위기 속에서도 경제와 방역을 동시에 잡았다. 그렇지만 집값 폭등을 막지 못했다. 코로나19 위기 해결에 역량을 집중해야 했기에, 사회·경제적 민주화는 뒤로 밀릴 수밖에 없었다.

문재인 대통령은 2012년과 2017년 대선 당시 가장 존경하는 인물로 미국의 프랭클린 루스벨트Franklin Roosevelt 대통령을 꼽았고, 2021년 5월 방미 중에는 루스벨트 기념관을 찾아 '한국판 뉴딜'의 성공을 다짐했다. 루스벨트 대통령의 '뉴딜New Deal'의 요체는 무엇인가?

> 뉴딜 정책은 3R로 정리할 수 있다. 구호relief는 실업자와 빈곤층을 구호하는 사업을 뜻한다. 회복recovery은 재정지출을 통한 수요 진작 등 경기회복 및 경제 정상화를 뜻한다. 마지막으로 개혁reform은 정부가 규제를 통해 시장의 모순을 시정하고, 사회·경제적 불평등과 불균형을 개선하는 정책을 말한다.[4]

문 대통령은 임기 내내 '3R'을 실현하는 의지를 갖고 업무를 수행했다. 그렇지만 전후좌우에서의 공격은 끊이지 않았다. 그런데도 국정 운영 지지율은 꾸준히 40퍼센트 초중반대를 유지했다(문 대통령의 19대 대선 득표율은 41.08퍼센트다). 부동산 정책 등 문재인 정부가 잘못한 점이 있었음에도 유례없이 높은 지지율이 유지된 것이다.

"이게 나라냐!"라고 외치며 촛불을 들었던 주권자가 희구했던 사회 대개혁은 문재인 정부 임기 동안 다 이루어지지 못했다. 그러나 문재인 정부가 그 정신을 잊지 않고 분투했다는 점은 국민께서 알아주시리라 믿는다. 우여곡절이 있겠지만 사회 대개혁은 한 단계씩 이루어질 것이다.

새로 출범하는 윤석열 정부는 '사회권 선진국'을 만들 계획은 없다. 사회권 수준은 후퇴할 것이다. 자유권마저 위태롭게 될 가능성이 크다. 향후 5년 동안 대한민국이 얼마나 후진할지 가늠할 수 없다. 야당이 된 172석 더불어민주당의 역할이 중요한 상황이다. 더불어민주당이 이 책에서 제시한 사회권의 보장, 강화를 위한 제도 개혁에 나서길 희망한다. 권위주의 체제에 맞서 싸우며 자유권을 쟁취한 국민도 이제 사회권을 권리로 인식하고 요구하고 주장해야 한다.

마지막으로 여성, 성소수자, 이주 노동자, 조선족 동포, 탈북민 등 소수자의 '환대받을 권리'를 제도적·문화적으로 인정하고, 다수자가 '환대할 용기'를 가지고 소수자를 끌어안는 것 역시 선진국이 된 대한민국에 필요한 변화다.[5] 혐오와 편견에서 포용과 환대로의 이동은 대한민국의 포용성을 높일 것이고, 높아진 포용성은 '선진국 대한민국'의 정서적·문화적 기초가 될 것이다.

새로 출범하는 윤석열 정부가 소수자에 대해 어떤 정책을 취할지 걱정이 크다. 반공·반북·반중 이데올로기가 거친 형태로 부활하고, 보수적 기독교의 교리가 문화적으로 강요될 수도 있다.

칙칙하고 암울한 장면을 보고 견뎌야 하는 인내심이 필요한 시간이다.

주

펴내며

1 정약용, 박석무 편역, 《유배지에서 보낸 편지》, 창비, 1991, 43쪽.

2 김훈, 《흑산》, 학고재, 2011, 337~338쪽.

머리말

1 〈일본 노학자의 한탄 "이대로 가면 한국에 역전당해"〉, 《오마이뉴스》, 2021년 12월 17일.

2 전체 경제 규모는 이탈리아가 우위다. 세계은행에 따르면 2020년 이탈리아 GNI는 1조 9,178억 달러, 한국은 1조 7,012억 달러다. GDP도 이탈리아와 우리나라가 각각 1조 8,864억 달러, 1조 6,305억 달러다.

3 조국, 《보노보 찬가》, 생각의나무, 2009, 71쪽.

4 노무현, 문재인 정부는 전시 작전 지휘권 환수를 추진했으나, 성사되지 못했다.

5 유니 홍, 정미현 옮김, 《코리안 쿨》, 원더박스, 2015.

6 독일 1위, 일본 2위, 영국 3위, 캐나다 4위, 스위스 5위, 미국 6위, 프랑스 7위, 중국 8위, 스웨덴 9위, 호주 10위다.

7 영국의 공산주의자 사학자 에릭 홉스봄은 자서전 《미완의 시대》에서 미국 문화의 지배력을 언급하면서, "20세기에 서양에 살아가는 모든 사람, 아니 궁극적으로 세계 어디든 도시에서 살아가는 모든 사람에게는 정신적으로 자기가 태어난 나라와 미국이라는 두 개의 조국이 있었다"(에릭 홉스봄, 이희재 옮김, 《미완의 시대》, 민음사, 2007, 623쪽)라고 말했다. 한국이 미국 정도의 소프트 파워를 갖고 있지는 못하다. 그렇지만 과거와는 비교할 수 없을 정도의 소프트 파워를 갖게 되었음은 분명하다.

8 〈[박태웅 칼럼] 눈을 떠보니 선진국이 돼 있었다〉, 《아이뉴스24》, 2021년 1월 11일.

9 조국 엮음, 《사회권의 현황과 과제》, 경인문화사, 2017, vi~vii.

1장 문재인 정부의 성과

1 https://issuu.com/turi2/docs/edition16/34

2 Ezra F. Vogel, *Japan as Number 1*, Harvard Press, 1979.

3 검사의 영장청구권 독점도 문제인데, 이는 개헌 사항이다. 문재인 대통령은 개헌안에서 이 독점권을 삭제했다.

4 〈노영민 "문재인 정부, 남북 평화 관리…… 군사 충돌로 인한 사망 없어"〉, 《뉴스토마토》, 2021년 11월 22일.

5 〈노영민 "윤석열, 면접에선 검찰 개혁 강력 찬성…… '배신의 칼' 품고 속였다"〉, 《오마이뉴스》, 2022년 2월 14일.

6 법원 판결과 별도로, 내 딸 조○의 부산대 의학전문대학원 입학과 관련하여 '부산대학교 입학전형공정관리위원회'의 조사 결과를 보면 이하를 알 수 있다. (1) 조○이 1단계 서류 전형을 통과한 것은 공인영어성적이 우수했기 때문이었다 (2) 2단계 면접 전형은 서류 평가 결과를 알지 못한 상황에서 면접 오류를 줄이고자 미세한 점수 조정만을 했을 뿐 당락에 영향을 주지 않았다 (3) 조○이 문제된 경력을 기재하지 않았거나 동양대 총장 표창장을 제출하지 않았다면 불합격했다는 논리는 타당하지 않다[동 위원회의 〈최종 자체 조사 결과서〉(2021년 9월 30일) 참조 요망]. 또한 고려대학교 입학의 경우 정경심 교수 판결에서 문제가 된 네 개의 체험 활동 서류는 고려대에 제출되지 않았다. 고등학교 생활기록부에 그 활동 내용이 간략하게 기재되어 있었을 뿐이었다.

7 유시민, 《후불제 민주주의》, 돌베개, 2009, 96~97쪽.

8 2020년 최저임금은 2.9퍼센트 인상으로 8,590원, 2021년은 1.5퍼센트 인상으로 8,720원, 2022년은 5.1퍼센트 인상으로 9,160원이다.

9 노동소득분배율은 전체 국민소득에서 노동 소득이 차지하는 비율을 말한다.

10 단, 시장 소득을 기준으로 한 5분위 배율은 16.20으로 1년 전(14.77배)보다 1.43배 포인트 악화됐다. 정부 지원금 효과를 제거하면 분배 지표가 더욱 악화됐다는 의미다.

11 알바노조 홈페이지 참조(http://www.alba.or.kr/xe/min10000). 알바노조는 2013년 알바 1,260명이 투표로 '알바인권선언'을 발표했다. 한 구절 한 구절 절절하다.

1조. 한 달 내내 일해 봐야 생활비는 택도 없고…… 최저임금, 시급 1만 원으로 올려라.

2조. 20분이나 일찍 출근하라고? 퇴근 시간 다 됐는데 왜 일 시키나요? 더 일한 만큼 딱딱 맞춰 수당을 지급하라.

3조. 차는 끊겼는데 갈 길은 멀고…… 대중교통 이용할 수 없는 시간대에 퇴근할 경우 교통비 추가 지급하라.

4조. 하루 12시간 일해도 식대는 폐기된 삼각 김밥들…… 알바 노동자에게 식대를 지급하라.

5조. 알바는 밥 먹는 시간도 없나? 알바가 밥 먹는 시간에는 사장님이 가게 보시라.

6조. 5인 미만 가게는 야근 수당이 없다고? 혼자 일하는 가게에도 연장, 야간, 휴일 근로 수당과 휴가를 보장하라.

7조. 욕설, 반말, 인격 모독, 심지어는 폭행까지…… 진상 사장님과 진상 손님들을 정신차리게 할 처벌 및 교육제도를 만들어라.

8조. 알바도 쉬면서 하자. 유급 휴일 늘려라.

9조. 하루 종일 서서 일하라고? 다리 아파 죽겠다. 모든 매장에 의자를 설치하라.

10조. 근로계약서 안 써도 봐주고, 주휴 수당 안 줘도 봐주고. 노동부는 왜 있냐! 법을 안 지키는 모든 사장님들을 엄벌에 처하라.

12 〈'노벨상' 스티글리츠 "코로나19, 새로운 유형의 위기…… 연준 정책으론 부족"〉, 《뉴시스》, 2020년 3월 17일.

13 〈유승민 "반듯한 일자리 100만 개로 성장·복지 함께 확충"〉, CBS노컷뉴스, 2021년 8월 15일.

14 〈이재명 "공공 일자리 많이 만든다고 野서 홍봐…… 정말 바보 같은 생

각”〉, 《뉴스1》, 2022년 1월 2일.

15 https://www.korea.kr/news/cardnewsView.do?newsId=148891679&call_from=media_daum

16 〈코로나19와 6주간 사투, 병원비 22억 원이 청구됐다〉, 《프레시안》, 2020년 8월 6일.

17 〈지역의료 활성화·기능 중심 의료 전달 체계 개선 시급〉, 《의학신문》, 2022년 1월 3일.

18 이 제도는 2009년에 시작하여 2018년 건강보험 보장성 강화 정책 중 하나로 시행되는 시범 사업이다. 환자의 입원 기간에 발생한 입원료·처치료·검사료·약제비 등을 미리 정해진 대로 지불하고, 의사의 수술·시술 등은 행위별 수가로 별도 보상하는 제도다. 현재 공공 및 민간 의료 기관 98곳이 이 제도에 참여 중이다.

2장 미완의 재조산하

1 〈‘재조산하’는 실현되었는가?〉, 《경기신문》, 2021년 10월 18일.

2 최배근, 《대한민국 대전환 100년의 조건》, 월요일의 꿈, 2021, 147쪽.

3 윤홍식, 《이상한 성공》, 한겨레출판, 2022, 8~9쪽, 261, 273쪽

4 안희경, 《내일의 세계》, 메디치, 2021, 155쪽.

5 김수현·진미윤, 《집에 갇힌 나라, 동아시아와 중국》, 오월의봄, 2021, 28쪽.

6 김수현·진미윤, 앞의 책, 348, 353쪽.

7 〈“다시 생각해도…… 문재인 정부 참 순진했다”〉, 《오마이뉴스》, 2021년 11월 3일.

8 〈文 “부동산, 임기 내내 가장 무거운 짐…… 대규모 공급 서둘렀어야”〉, 《연합뉴스》, 2022년 2월 10일.

9 강원 88.9퍼센트, 충북 72.7퍼센트, 충남 73.3퍼센트, 전북 78.6퍼센트, 전남 77.3퍼센트, 경북 82.6퍼센트, 경남 72.2퍼센트 등이다.

10 〈[인터뷰] 김미숙 김용균재단 이사장 “위험과 죽음의 외주화, 3년 지나도 바뀌지 않았다”〉, 《인사이트코리아》, 2021년 11월 1일.

11 윤 후보의 이런 발언에 대하여 전국건설노동조합은 다음과 같은 비판 성명서를 냈다. "건설기계 운전 노동자가 운전이 아니라 직접 라바콘(안전고깔)을 치워야 했으며, 장비 유도원이 배치되지 않고 교통이 제대로 통제되지 않는 등 전반적으로 현장 관리의 문제가 드러났다. 사업주는 안전한 작업환경을 만들어야 할 의무를 다하지 않았다."

3장 주택 및 지대 개혁

1 한국은 8.9퍼센트로, OECD 내에서 9위다.

2 김수현·진미윤, 《집에 갇힌 나라, 동아시아와 중국》, 오월의봄, 2021, 60~61쪽.

3 이 후보는 이러한 장기 임대 기본 주택 비율을 10퍼센트까지 끌어올린다는 계획이다.

4 청년 원가 주택 공약의 경우 집값이 하락하면 그 부담을 어떻게 나눌 것인지에 대해서는 밝히지 않고 있다. 예컨대 10억 아파트를 2억 내고 샀는데, 집값이 8억으로 떨어지면 2억의 손실을 누가 부담하는가에 대해서는 말하지 않고 있다.

5 마강래, 《부동산, 누구에게나 공평한 불행》, 메디치, 2021, 192~197쪽.

6 나는 민정수석비서관으로 재직하면서 이 작업에 참여했다.

7 이 전 대표는 이 발의에서 1999년 헌법재판소의 위헌 판결로 사라졌던 택지소유상한에 관한 법률을 부활시키면서 위헌 논란 부분은 제거했다. 즉, 위헌 판결 이전 택지소유상한법은 서울과 광역시 지역의 택지는 개인이 일률적으로 660㎡(약 200평) 이상 소유하지 못하도록 했지만, 이 전 대표 법안은 1,320㎡(약 400평)까지 소유할 수 있도록 하고, 5년 이상 실거주하면 2,000㎡(약 605평)까지 소유할 수 있도록 해 개인이 가질 수 있는 면적을 최대 3배까지 넓혔다.

8 더불어민주당 박찬대 의원 페이스북 재인용(2021년 11월 24일).

9 현행 보유세 제도는 주택, 대지 등 용도별 차등 과세를 하고 있는데, 이를 폐지하고 모든 토지를 인별 합산하여 과세하는 제도를 채택하려는 것으로

보인다.

10 〈[개국 10주년 특집대담] 이재명 후보에게 듣는다〉, 연합뉴스TV, 2021년 12월 1일.

11 우석진 외 4명, 《정책의 시간》, 생각의힘, 2021, 124쪽.

4장 지방 분권과 지역 균형

1 2021년 1월 1일 이후 수도권 외 지역으로 본사를 이전하는 기업은 법인세를 7년간 100퍼센트, 이후 3년간 50퍼센트 감면받는다. 다만 '투자·근무 인원' 요건을 채우지 못하면 혜택이 없다. 이전한 본사에 최소 10억 원을 투자하고 상시 근무 인원 20명을 둬야만 세액 감면을 받을 수 있다. 지방 이전 기업이 지역 경제에 실질적으로 기여하도록 유도하기 위함이다.

2 이 방안은 법인화된 서울대가 이 네트워크에 참여하는 경우와 참여하지 않는 경우를 나누어 계획을 세워두고 있다. 전자의 경우는 서울대가 수도권 거점 대학 역할을 하면 되지만, 후자의 경우에는 경기도에 별도의 거점 대학을 만들어야 한다.

3 〈교육 지옥 해결, 거점 국립 9곳부터 키우자〉, 《교수신문》, 2022년 1월 12일.

4 2022년 1월 국민의힘 윤석열 대선 후보 캠프 교육정상화본부장을 맡고 있던 조영달 서울대 사회교육과 교수는 주요 상위권 30~40개 대학의 학부를 폐지하여 정원을 6만 명 이상 줄이고 대학원 연구 중심으로 전면 개편하고, 지역대학을 학부 교육 체제로 운영하자고 제안했다. 대학 서열 구조를 혁파한다는 문제의식에는 동의하지만, 학부가 폐지되는 30~40개 대학의 선정 기준은 무엇인지, 그 안에 사립 명문대가 들어 있을 것인데 이를 어떻게 강제할 것인지 등에 대한 방안은 없다. 국민의힘에서 더 구체적 방안이 나와야 평가가 가능할 것이다.

5 김경수, 〈수도권 중력에 맞서는 메가시티 구상〉, 《힘의 역전》, 메디치, 2020, 212~213쪽.

6 정승일 페이스북(2022년 1월 4일)

5장 노동 인권과 민생 복지 강화

1 조국, 《보노보 찬가》, 생각의나무, 2009, 34쪽.

2 〈김종인 "비정규직도 동일 임금…… 스웨덴식 노동 개혁을"〉, 《조선일보》, 2021년 10월 14일.

3 〈정규직 뛰어넘은 '약자와의 연대', 희망연대노조의 성공〉, 《한겨레》, 2021년 1월 25일.

4 조국, 《보노보 찬가》, 생각의나무, 2009, 72쪽.

5 렌과 마이드너는 스웨덴 노동조합연맹LO의 이론가이자 활동가다. 이들이 만든 모델은 1950년대 이후 스웨덴 복지국가의 기초가 된다. 송호근, 〈스웨덴의 사회정책—렌-마이드너 모델을 중심으로〉, 서울대 국제학연구소, 《지역연구》 제5권 제2호, 1996. 참조.

6 벤저민 클라인 허니컷, 김승진 옮김, 《8시간 vs 6시간(켈로그의 6시간 노동제 1930~1985)》, 이후, 2011.

7 토머스 모어, 주경철 옮김, 《유토피아》, 을유문화사, 2007, 73쪽. 이외에 카를 마르크스의 사위 폴 라파르그는 '3시간 노동제'를 주장했고, 버트런드 러셀도 '4시간 노동제'를 주장한 바 있다.

8 https://takano.house.gov/newsroom/press-releases/rep-takano-introduces-legislation-to-reduce-the-standard-workweek-to-32-hours

9 〈윤구병 대표 "나누는 데 관심 두지 않아 우리 사회 노동시간 길어진 것"〉, 《경향신문》, 2015년 6월 2일.

10 https://www.riderunion.org/movement

11 CSO는 중대 재해 발생시 CEO 대신 처벌받아 전과가 생기게 되므로 회사 내에서 이렇게 불린다.

12 대형 로펌들은 고용노동부, 산업안전보건공단, 환경부, 국토교통부 등 중대재해처벌법 관련 부처에서 근무한 고위 전관들을 영입해 전담 대응팀에 배치하고 대기업 고객 유치에 경쟁을 벌이고 있다(〈중대재해법 대비 전담팀 꾸려 'CEO 보호' 방패 세우는 로펌들〉, 《한겨레》, 2021년 1월 14일).

13 〈HDC현산 사고 후 40퍼센트 급락…… 건설주 '우수수', 투심 위축〉, 《이데일리》, 2022년 1월 20일.

14 〈HDC현대산업개발 7일 연속 하락…… 시총 7,000억 증발〉, 《조선비즈》, 2022년 1월 20일.

15 〈[지금, 여기] 'K평행우주, 814명의 A 씨'〉, 《경향신문》, 2022년 1월 10일.

16 최배근, 《대한민국 대전환 100년의 조건》, 월요일의 꿈, 2021, 206~210쪽.

17 최배근, 앞의 책, 210쪽.

18 류덕현, 《정책의 시간》, 생각의힘, 2021, 101쪽.

6장 경제민주화

1 송기춘, 조국 엮음, 〈경제정의와 헌법〉, 《경제민주화의 이론과 과제》, 경인문화사, 2017, 131쪽.

2 이 조사는 소진공이 2020년 8~10월 전국 17개 시·도 외식업, 도소매업, 서비스업 등 14개 업종의 가맹 사업주 1,500명을 대상으로 실시한 것이다.

3 〈'맘스터치' 점주들 뭉치자…… '가·손·공·언·점' 5단계 파괴〉, MBC, 2021년 11월 3일.

4 2013년 7월 남양유업의 밀어내기 등에 대해 공정거래위원회는 과징금 123억 원을 부과했다. 그런데 2015년 3월 서울고등법원은 123억 원이 아니라 5억 원만 내면 된다고 판결했다.

5 〈'오래된 미래', 1948년 '노동현장'〉, 《한겨레》, 2007년 6월 3일.

7장 차별을 넘어 공존으로

1 박노자 페이스북, 2022년 1월 16일.

2 박노자, 《전환의 시대》, 한겨레출판, 2018, 77쪽.

3 〈정치인들, 남녀 갈라치는 역사적 중범죄…… 청년층 뭉쳐 싸워야〉, 《경향신문》, 2022년 1월 18일.

4 천관율·정한울, 《20대 남자》, 참언론 시사인북, 2019.

5 강남순, 《페미니즘 앞에 선 그대에게》, 한길사, 2020, 58쪽.

6 강남순, 《질문빈곤사회》. 행성B, 2021, 215~216쪽.

7 이라영, 《환대받을 권리, 환대할 용기》, 동녘, 2016, 300쪽.

8 〈결국엔 사랑이 이긴다…… 행복한 '할아버지 부부'가 될 것〉, 《한겨레》, 2021년 1월 15일.

9 이에 대해서는 스테파니 데구이어 외 4인, 김승진 옮김, 《권리를 가질 권리》, 위즈덤하우스, 2018. 참조.

10 시민 결합은 2000년 미국에서 동성애 파트너십을 최초로 인정한 버몬트 주 법률이 채택한 용어다. 프랑스에서는 '시민연대협약pacte civil de solidarit, PACS'이라고 불린다.

11 '동성 파트너십'은 장복희가 쓴 〈동성간 동반자 관계에 관한 국제인권법 및 비교법적 고찰〉이 들어있는 한인섭, 양현아 공편, 《성적 소수자의 인권》, 사람생각, 2002, 142~157쪽 참조.

12 박노자, 《당신들의 대한민국》, 한겨레출판, 2001, 268쪽.

13 〈이주 노동자 보호하러 저희가 직접 찾아갑니다〉, 《오마이뉴스》, 2021년 3월 4일.

14 〈이주 노동자들, "한국에서 먹을 것, 입을 것, 생산하지만 여전히 노예처럼 일해"〉, 《경향신문》, 2021년 12월 19일.

15 한국에서 노동자로 살다 돌아온 인도네시아 청년들이 의기투합해 가난한 고향 '응랑그란' 마을을 전 세계가 인정한 관광 마을로 만들었다. 이 사업의 지도자 트리얀 씨는 2000년부터 5년간 한국에서 일했는데, "(일하던 공장의) 김 부장님이 월급 100만 원을 주지 않고 불법 체류가 아닌데도 신고한 적이 있다"는 사실을 밝히자, 인도네시아에서 거주 중인 한국인 사업가가 "원금과 이자로 여겨달라"며 1,450만 루피아(120만 원)를 트리야나 씨 계좌로 송금했다(《한국일보》, 2022년 1월 18일). 이러한 미담은 계속되어야 하지만, 더 중요한 것은 제도 개선이다.

16 주승현, 《조난자들》, 생각의힘, 2018, 89쪽.

17 〈탈북민 단체 "끼니 해결도 힘들어…… 관악구 모자 비극 여전"〉, 《한국일보》, 2022년 1월 6일.

18 주승현, 앞의 책, 43~44쪽.

19 주승현, 앞의 책, 59~60쪽.

20 〈'조선족' 말하는 순간 나는 비정상 소수자가 된다〉, 《한겨레》, 2022년 1월 23일.

21 주승현, 앞의 책, 121쪽.

맺음말

1 조국 엮음, 《사회권의 현황과 과제》, 경인문화사, 2017, 5~8쪽.

2 존 롤스, 황경식 옮김, 《정의론》, 이학사, 2003, 56쪽.

3 정승일, 조국 엮음, 〈경제민주주의란 무엇인가?〉, 《경제민주화의 이론과 과제》, 경인문화사, 2017, 105쪽.

4 크리스티 앤더슨, 이철희 옮김, 《진보는 어떻게 다수파가 되는가》, 후마니타스, 2019, 206쪽.

5 이라영, 《환대받을 권리, 환대할 용기》, 동녘, 2016, 12쪽.

가불 선진국
연대와 공존, 사회권 선진국을 위한 제언

조국 지음

초판 1쇄 2022년 3월 25일 발행
초판 7쇄 2022년 4월 11일 발행

ISBN 979-11-5706-256-0 (03330)

기획편집 배소라, 황정원
디자인 조주희
마케팅 김성현
인쇄 예인미술

펴낸이 김현종
펴낸곳 (주)메디치미디어
경영지원 전선정, 김유라
등록일 2008년 8월 20일
제300-2008-76호
주소 서울특별시 중구 중림로7길 4, 3층
전화 02-735-3308
팩스 02-735-3309
이메일 medici@medicimedia.co.kr
페이스북 facebook.com/medicimedia
인스타그램 @medicimedia
홈페이지 www.medicimedia.co.kr

가의 이런 사유는 우리 시대에 갈수록 사라져 가는 꿈과 열정, 감정과 상상력과 같은 덕목이 삶의 모든 부면에서 그대로 살아남아 있기를 바라는 소망의 표현이라 할 수 있다. 강연희의 수필 세계에서는 이성과 논리보다는 생명과 감정이 살아 움직인다. 그리하여 작가는 현실보다는 꿈과 상상의 세계를 동경한다.

이런 사실을 잘 반영하듯이, 자연과 우주의 법칙 중에서 작가가 특히 강조하는 것은 '공감'이며 '공존'의 인식이다. 자연의 부분이자 전체인 자연의 대상물들을 응시하며 거기서 인간과 자연, 우주를 꿰뚫는 법칙을 발견하게 된다. 작가는 세상의 만물을 통해 "사람과 자연은 더불어 살아가고 있다. 살아가는 것은 관계를 맺는 일이다. 관계는 상대적이다. 자연은 사람에게, 사람은 자연에게 소중한 존재이다."는 사실을 강조한다.

> 사람은 감성이 있어서 꽃보다 아름다울 수 있다. 감성은 선한 마음을 키울 수 있는 마력이 있다. 자연 안에 있을 때 감성은 한껏 부풀어 오른다. 사람이 자연을 찾는 이유가 아닐까. 아무리 진한 꽃향기도 천 리까지 퍼지지만 사람의 향기는 만 리까지 퍼진다. 인품의 향기는 오래 가슴 속에 남아 선한 영향력을 베푼다. 상대방을 존중하고 배려와 관용의 자세로 노력하면 서로에게 그 향기는 오랫동안 스며있게 될 터이다.
>
> 사람과 자연은 더불어 살아가고 있다. 살아가는 것은 관계

를 맺는 일이다. 관계는 상대적이다. 자연은 사람에게, 사람은 자연에게 소중한 존재이다. 서로에게 스스럼없이 내어줄 수 있는 마음을 지니면 좋겠다. 어느 한쪽에서만 베푸는 것이 아니고 서로 도움이 되는 선물이면 좋을 듯싶다. 오래도록 서로 어깨를 내밀며 함께할 수 있는 날들을 그려 본다. 내일도 태양이 떠오르면 자연의 소리와 내 안의 소리를 들으러 소나무숲을 찾으리라.

-「공짜 선물」에서

길게 인용된 위 작품에서 잘 드러나듯이, 작가는 "자연은 사람에게, 사람은 자연에게 소중한 존재"로서 서로를 바라볼 수 있도록 시야를 넓혀야 함을 강조한다. 자연과 인간을 공존적 관점에서 바라보아야 한다는 작가의 시각은 이른바 생태적 인식으로 자연과 세상을 보는 작가임을 여실히 보여주는 것이다. 이 같은 태도는 바로 자연과 인간에 대한 작가의 진지하고 겸손한 태도에서 기인하는 것이라 할 수 있다. 실제 이 세상의 많은 불행은 바로 인간들의 겸손의 부재, 즉 교만으로부터 생겨나는 것인지 모른다. 과학기술에 의존해 인간은 영원히 존재하리라 생각한다. 인간의 많은 불행과 슬픔은 이런 교만에서 기인하는 것이 아닌가. 강연희는 시간의 흐름, 계절의 순환과 같은 기본적인 자연의 섭리와 질서에 대해서도 언제나 겸손하게 옷깃을 여민다.

고목은 생명의 순환 작용을 알고 있다. 해마다 반복되는 계절의 변화를, 겨울은 봄을 잉태하기 위한 숭고한 침묵의 시간임을 말해준다. 무엇이든 영원히 지속되는 것은 없다는 것을 보여준다. 고목을 응시하며 마주하니 나무가 말을 걸어온다. 어둠이 지나면 밝은 날이 오듯이 모두가 바라는 세상이 열리고 행복한 날들을 맞이할 수 있다고 말해 준다.

-「나목裸木」에서

바람은 생명의 생성과 소멸을 품는다. 인생을 시험하는 시련인지도 모른다. 한곳에 머무르지 않고 시공을 초월한다. 끊임없이 이동하면서 현재의 변화를 꿈꾼다. 바람은 소멸과 동시에 또 다른 생성을 알린다. 변화는 삶의 목표를 올바른 방향으로 돌리는 일이다. 작은 변화의 한 걸음이 훗날 자기 인생을 통째로 바꾸어 놓는 변곡점이 되기도 한다. 바람은 슬픔과 시련을 날려 보내고 꿈과 희망을 불러들인다. 생각의 각도를 이동시켜주고, 지금보다 나아지려는 마음을 일렁이게 한다.

-「바람의 시간」에서

「나목裸木」에서 작가는 무한한 생명력을 지닌 나무를 보면서 인생을 배운다. 한 자리에 서서 자연에 순응하며 인고의 세월을 지켜

온 나무에서 푸근한 모성애와 모진 풍파를 온전히 받아들이며 견뎌내는 강인함을 배운다. 「바람의 시간」에서 작가는 한곳에 머무르지 않고 시공을 초월하며 흘러가는 바람을 통하여 생명의 생성과 소멸을 품으면서 인생을 시험하는 바람을 바라본다. 이렇게 작가는 자연을 통하여 영혼과 자유를 억압하는 삶의 현실을 환기시키면서도 인간과 자연의 새로운 공동체적 관계 설정을 통하여 존재의 의미를 새롭게 묻는다.

강연희의 문학에서 인간은 자연과 별개의 것이 아니다. 작가는 자신이 호명하는 자연을 통해 인간의 외로움을 달래고, 인간을 통해 자연의 그리움을 일깨우는 목소리를 들려준다. 작가가 보여준 인간과 자연의 교감 능력, 공동체적 상상력은 현대 인간 사회의 문제점과 자연과의 관계를 되짚게 한다. 또한 이런 인식을 통하여 작가는 생태 공동체적 삶의 긍정성을 보여주면서 우리에게 가치 있고 미래 지향적인 삶의 방향이 무엇일까를 묻는다.

4. 자비와 사랑의 마음

산업화 이래 인간은 서로에게 자비를 베풀거나 사랑하는 일이 점차 사라져 가고 있다. 이러한 경향은 여러 가지 이유로 설명되겠지만 무엇보다 현대 사회가 욕망과 이기심의 인간관계로 이루어지고 있기 때문이라 하겠다. 그러나 사람이 사람에게 자비를 베풀고 서로

를 사랑하는 것보다 더 중요한 일은 없을 것이다. 모든 개인적 · 사회적 인간관계에 있어서 사랑은 가장 따뜻하고도 가장 바람직한 감정이다. 또한 그러한 마음을 간직하는 것이야말로 올바른 삶의 공동체를 이루기 위한 필수적인 조건이라고 할 수 있다. 더 나아가 따뜻한 가슴을 가진 사람, 그리고 너그러운 마음을 가진 사람들이 공존하고 유대하는 사회야말로 인간다운 사회로 발전할 수 있게 된다.

문학에서도 어느 시대를 막론하고 사랑과 그리움을 다루지 않는 작가가 없을 정도로 사랑은 보편적 소재와 주제가 되어 왔다. 인생은 사랑을 매개로 하여 아름다울 수 있으며, 또한 그 가치가 소중하게 여겨진다. 사고의 능력이 발달하지 못한 태고의 원시인에게도 사랑은 존재하였으며, 현재와 미래에도 영원히 중요한 인간 감정으로 함께 존재할 것이다. 특히 인간과 삶의 상황이 어려울수록 사랑을 노래하는 일은 중요하다. 절망과 슬픔이 지배하는 힘들고 어려운 시대와 사회 상황일수록 사랑이나 꿈과 희망을 그리는 것은 더욱 중요한 일이다.

최근의 많은 수필은 우리 시대에서 갈수록 깊어 가는 사랑의 부재와 그리워할 사랑과 꿈이 사라져가는 현상을 슬퍼한다. 우리가 진정으로 그리워하는 것은 무엇이며 우리에게서 사랑이 상실되어 가는 이유는 무엇일까. 강연희의 수필에는 때로 우리 시대의 상실과 고통을 이야기하지만, 이 세상의 슬픔과 아픔을 위로하고 보듬어 안는 독특한 '사랑의 미학'이 간직되어 있다. 사랑이란 무엇인가. 이 흔한

질문에 대한 답은 작가에 따라 다르게 제시될 수 있다. 과거의 어느 순간까지 존재하던 무언가가 현재엔 부재하는 것, 그로 인한 고통과 필연적으로 수반되는 존재에의 열망과 미련은 사랑의 부재에서 생겨난 것이다. 상실을 받아들이는 모습은 제각각 다르다. 빛과 어둠, 현실과 이상, 슬픔과 기쁨을 가르는 경계에 상실이 있다. 강연희의 수필에서는 아무리 어렵고 힘든 상황에서도 언제나 인간 구원에 대한 사랑과 희망이 있다. 그의 작품 전반에는 거듭해서 가족과 이웃에 대한 사랑의 마음이 등장한다. 작가의 작품에서 무엇보다 강조되는 것은 "보이지 않는 마음의 소중함"이다. 작가는 마음의 소중함을 이렇게 이야기한다.

> 마음은 눈에 보이지 않고 만질 수도 없다. 팔 수도 없고 살 수도 없지만 누군가에게 줄 수 있는 가장 좋은 선물이다. 마음을 다스리는 것이 자신을 성숙하게 하는 일이다. 마음을 다스리는 것은 세상의 소리와 상대방의 이야기를 듣고 이해하려는 바른 마음의 문을 여는 일이다. 그것은 길고 험한 겨울을 보내고 봄날을 맞이하는 것만큼 힘든 일이다.
>
> -「봄꿈」에서

마음의 소중함을 작가는 종교적 관점에서 불심佛心과 같은 것이라고 이야기한다. "진정한 참 불자가 되기 위해서 작은 것 쉬운

것에서부터 자리이타自利利他행을 실천해야 하리라. 그것은 억겁의 세월을 품어 안은 전생에서의 업장을 소멸하고 복을 짓는 일이다. 밝은 내세를 위해 공덕을 쌓는 일일 것이다. 금생을 보면 전생에서의 삶의 모습이 보이고 현재의 인생 여정을 보면 내세를 짐작할 수 있을 터이다." 우리는 인생의 가장 소중한 선물 같은 오늘 지금, 이 순간을 잘 살아야 더 나은 내일을 맞이할 수 있게 된다고 강조한다(「새벽 불공」). 하루하루 올바르고 겸손한 마음으로 살아가는 하심下心의 마음이야말로 진정한 나를 만들게 된다. 하심이란 그야말로 욕심 없이 깨끗한 자세로 마음을 비우고 몸짓 하나도 조심스럽게 함부로 하지 않는 태도이다. 그 무엇으로부터도 구속받지 않고 넘치는 것을 경계하는 자세를 말하는 것이다. 이런 작가의 태도는 자식과 가족을 위한 사랑의 마음, "가족과 이웃들 사이에서도 서로에게 박힌 가시를 제거해 줄 사랑과 믿음의 정을 나누어야 할 것이다. 상대방을 존중하면서 서로에게 스며들게 되는 기다림의 시간을 가져야 한다."(「가시」)는 진술에서 잘 드러난다.

강연희는 여러 작품에서 가족과 이웃은 물론 촛불을 밝힌 사람과 세상 모든 사람의 무사 안녕을 기원(「촛농꽃」)하는 마음을 지니고, 이런 마음이 이 세상을 따뜻하고 아름답게 만드는 길이라고 강조한다. 이 고단하고 험난한 세상을 위한 마지막 구원은 돈이나 권력, 과학과 기술에서 찾아질 수 있는 것이 아니다. 인간과 자연에 대한 깊고 넓은 사랑이야말로 이 세상을 구원할 수 있는 길이다. 강연희의 삶과

문학은 자비와 사랑에 대한 깊은 심연에서 우러나와 동심원의 파문처럼 넓게 퍼져 나가고 있다. 이런 작가의 마음은 아버지에 대한 그리움(「아버지 별」), 어머니에 대한 사랑(「엄마의 무릎」), 남편을 위한 성심(「손난로」), 딸을 위한 기도(「작은 기도」)와 같은 가족을 위한 사랑은 물론 타자의 슬픔을 위한 연민과 공감의 마음을 통해서도 극명하게 드러난다(「백모님과의 이별」 「다른 이별」 「잊히지 않는 얼굴들」).

우리의 삶은 씨줄과 날줄이 만나 비단을 엮어내듯이, 서로가 만나서 사랑을 이룰 때 아름다운 결실을 만들어 낼 수 있다. 사람 사이에는 깊은 자비와 사랑을 통하여 씨줄과 날줄로 연정과 정감을 나누어야 한다. 그럴 때 우리는 사랑과 배려를 통해 시련과 고통을 극복하여 행복에 이를 수 있다. 이는 흡사 작가가 가족을 위한 사랑을 위해 주방을 자신의 천국으로 느끼고, "사랑이 담긴 음식을 만드는 주방은 나의 행복 공작소이다. 이 순간은 나만이 느낄 수 있는 행복지수 상한가의 시간이다(「행복 공작소」)"고 느끼는 감정과 다르지 않다.

5. 맺으며

강연희는 우리 시대의 어두운 삶의 현실을 응시하면서 수많은 삶의 풍경들을 독자적인 심상을 통하여 내적으로 승화시켜 가고 있다. 그렇다는 것은 작가와 마주 선 인생과 세상과의 풍경을 주체와 새

로운 관계 맺음을 하는 가운데 인간 존재의 의미를 새로운 차원으로 열어가고 있다는 것이다. 그래서 그의 작품은 세계와 주체, 대상과 주체 간의 의미를 새롭게 열어나가고자 한다.

작가의 말대로 오늘날 우리가 살아가는 세상은 얽히고 맺힌 매듭에 의해 타자에 대한 미움, 분노, 악연으로 묶어져 있는지 모른다. 이제 이런 매듭을 하나씩 풀어야 할 때이다. 주관적인 가치 판단과 이기심이 마음의 문을 닫아 매듭으로 묶였고, 머리로는 이해되나 가슴으로는 받아들이지 못하는 매듭이 수없이 많다. 사람과의 매듭이 잘못 묶어져 마음이 편하지 못하고 오해로 빚어진 실타래가 우리를 옥죄고 있다. 이런 세상에서 "나를 내리고 타자를 받아들이는 관용의 마음은 곧 자신을 사랑하는 또 다른 방법이 될 것이다"(「매듭」). 이렇게 얽히고 맺힌 매듭을 풀고 누군가를 사랑하고 용서하고자 하는 윤리가 강연희 수필의 핵심이다.

강연희의 수필은 새로운 존재론적 방식으로 일상적이고 관습화된 글쓰기의 의미를 위반한다. 수필이 주체의 존재 방식을 통해 세상을 번역해 내는 통로라고 한다면, 강연희의 수필은 남루한 일상에 대한 거부, 주체에 맞선 타자에 대한 사랑과 자비를 통해서 인간의 존재론으로부터 삶과 세상에 대한 의미론으로 확장된다.

앞으로도 작가 강연희는 사랑으로 가득한 희망의 세상을 생각하며 글쓰기를 계속 해야 할 것이다. 때로 희망에서 절망을 볼 수 있으며 인생과 세상에 대해 또 다른 회의懷疑에 빠질지 모른다. 그러나

절망 속에서 희망을 생각하는 것, 이 고통스러운 삶 속에서 또 다른 세상을 꿈꾸는 실존의 몸짓, 그것이 바로 강연희 수필의 존재 방식이 되어야 한다. 앞으로 인생과 세상을 위한 매듭 풀기의 글쓰기가 더욱 높은 차원으로 승화하기 바란다.